통일을
어떻게 생각하세요?

손안의 통일 **8**

통일을
어떻게 생각하세요?

: 여론으로 읽는 북한과 통일

김춘석·이태호·임헌조·정한울 지음

통일부
통일교육원

이 책은 통일교육원과 열린책들이
함께 기획·제작했습니다.

손안의 통일

〈손안의 통일〉 시리즈를 발간하며

여행 좋아하시나요? 스위스 출신의 영국 작가이자 철학자인 알랭 드 보통Alain de Botton은 〈행복을 찾는 일이 우리 삶을 지배한다면, 여행은 그 일의 역동성을 그 어떤 활동보다 풍부하게 드러내 준다〉라고 했습니다. 갑자기 행복을 찾으러 여행 가고 싶어지지는 않으셨나요?

여행 이야기를 꺼낸 것은 여행과 평화·통일이 비슷한 점이 많아서입니다. 여행은 그 과정에서 많은 사람을 만나고, 다양한 것을 체험하면서 완성됩니다. 평화·통일 역시 어느 한순간에 만들어지는 것이 아니라, 평화·통일을 향한 작은 과정 하나하나가 모여 달성됩니다. 또한 여행은 돌발 상황이 발생하는 등 그 과정이 순탄치만은 않습니다. 평화·통일로 가는 길 역시 평탄한 도로 위만 달리는 것은 아닙니다. 마지막으로 여행과 평화·통일 모두 목적지가 있다는 것과, 끝난 뒤 돌아보면 힘들었던 기억은 좋은 추억이나 성장의 토대가 된다는 점도 닮았다고 생각합니다.

그런데 여행과 평화·통일 사이에는 큰 차이점도 있습니다. 가장 대표적인 것이 바로 〈재미〉의 유무입니다. 요즘 여행을 가면 블로그 등을 통해 미리 맛집이나 명소도 알아보고, 현장에 가서 예쁘게 사진을 찍어 SNS에 올리기도 합니다. 이 모든 과정이 귀찮고 번거로울 수도 있지만, 사람들은 이를 재미있는 놀이로 즐깁니다. 그러나 평화·통일이라는 이야기를 듣는 순간, 〈아, 또 뭔가 고리타분하고 재미없는 이야기를 하겠구나〉 싶어 지레 겁을 먹고 귀를 닫는 경우가 많습니다.

「우리의 소원은 통일」이라는 노래가 널리 알려져 있지만, 왜 평화·통일은 이다지 재미없고 관심도 없는 일이 되어 버렸을까요? 지난 수십 년간 평화·통일을 교육하고 강조해 온 입장에서 스스로를 돌아보게 만드는 질문입니다. 평화·통일은 우리의 일상 속에 자리 잡고 있는 것임에도 불구하고, 교육을 한다면서 고담준론(高談峻論)의 성(城)에 이를 가두어 둔 것은 아닌지, 장벽을 높게 쳐버린 것은 아닌지 반성을 해봅니다.

〈손안의 통일〉은 이런 반성에서 출발하여 기획되었습니

다. 딱딱하고 재미없을 것만 같은 평화·통일 문제의 장벽을 낮춰 보고자 합니다. 그리하여 누구나 편하게 느끼고 쉽게 다가갈 수 있도록 했습니다.

기존 정치·군사 문제 중심의 평화·통일 이야기를 역사·여행·예술·미디어 등 다양한 소재를 통해 바라보고자 합니다. 일방적으로 지식을 전달하는 방식에서 벗어나, 많은 사람들이 궁금해하는 이야기를 쉽고 재미있게 풀어내어 대중의 감성에 맞도록 전달하고자 합니다. 〈손안의 통일〉이라는 말 그대로 실제 손에 잡히는 실질적이고 구체적인 평화·통일 이야기를 담아내겠습니다. 가볍게 들고 다니며 볼 수 있는 크기로 제작되지만, 그 내용과 고민은 결코 가볍지만은 않을 것입니다.

오늘날은 〈평화가 일상이 되는 시대, 통일을 마중 나가는 시대〉라고 할 수 있습니다. 그런 시대를 맞아 〈손안의 통일〉은 여러분을 평화·통일로 초대하는 초청장이자, 평화·통일이라는 복잡한 길을 안내해 줄 좋은 여행서가 될 것입니다. 이제, 함께 여행을 떠날 시간입니다. 평화·통일의 길 위에서 많은 것들을 보고 배우며, 그 과정을 즐길 수 있기를, 그리고 훗날 이 모든 것들이 좋은 추억이자 성장의 토대가 되기를 바랍니다. 나아가 일상에 스며든 통일과 평

화에 대한 감수성으로 모든 세대가 평화롭고 행복한 통일
을 꿈꿀 수 있기를 기대해 봅니다.

2020년 12월

통일교육원장 백준기

서문

평화란 다른 사람의 말에 귀를 기울이는 것이다.

— 메어리드 맥과이어(노벨 평화상 수상)

문재인 정부는 어느 정권이 집권하더라도 지속 가능한 통일 정책을 추진하기 위해서는 국민적 합의가 필요하며, 이를 제도화해야 한다는 입장에서 〈통일국민협약〉 도출을 국정 과제로 제시했다. 그런데 아직 냉전이 해소되지 않은 상황에서 진영 간 갈등이 첨예하고, 개개인의 소신도 각기 다른 〈통일과 남북 관계 문제〉에 대해 최소한이나마 국민적 합의를 이끌어 내는 것이 과연 가능하기는 한 과업일까? 필자들을 포함해 〈평화·통일비전 사회적 대화〉를 기획한 모든 관계자들이 처음부터 직면했던 과제였다. 수차례의 난상 토론을 통해 사회적 대화 방법을 적용하기로 했다. 자신의 기존 입장과 생각을 일부 양보하거나 바꾸고, 상대방의 다른 처지와 생각을 존중해야만 남북 관계와 통일이라는 난제에 대한 국민적 합의를 이끌어 낼 단초라도 마련할 수 있으며, 이를 위해서는 〈학습과 대화〉가 필수적이라고 보았기 때문이다.

사람의 생각은 언제 〈변화〉할까? 일상생활에서 다양한 자극을 받으며 자신도 모르게 서서히 변화하는 경우가 다반사라 할 것이고, 잊을 수 없는 특별한 경험이나 순간적인 깨침을 통해서도 전혀 다른 차원으로 생각이 변화할 수 있다. 이는 개인적 경험의 영역이다. 또한 책이나 전문가를 통한 학습으로 생각이 달라지기도 하고, 주위 사람과의 대화를 통해서도 변화할 수 있다. 이는 사회적 경험의 영역이다. 〈평화·통일비전 사회적 대화〉는 사회적 경험의 영역을 잘 마련하는 데 주안점을 두어 설계했다.

서로 다른 생각은 어떻게 〈합의〉에 이를 수 있을까? 내가 틀릴 수 있고, 상대방의 어떠한 말에도 일말의 진실이 있다는 개시개비(皆是皆非)[1]의 정신이 발현되어야만 가능하지

1 원효의 화쟁(和諍) 사상의 근간. 원효는 〈장님 코끼리 만지기〉 예시를 통해 장님이 코끼리를 만진 이후 코끼리에 대한 묘사는 개별적으로 모두 사실이지만, 코끼리의 전체 형상과는 먼 것이라면서 다양한 사실의 조합을 통

않을까? 이를 위해서는 자신과 입장이 다른 사람의 말을 경청하는 자세가 전제되어야 한다. 〈평화·통일비전 사회적 대화〉는 경청을 바탕으로 한 숙의 토론에 주안점을 두어 운영했다.

그럼에도 불구하고 남북 관계 및 통일과 관련된 분야는 확증 편향[2]이 발생할 수 있는 대표적인 영역이라는 점에서 과연 사회적 대화가 온전히 진행될 것인가에 대해 확신이 없었고, 난장으로 비화할 것이라는 우려도 지울 수 없었다. 그런데 사회적 대화 전과 후 참여자들의 생각의 변화 양상과 폭, 합의를 위해 발휘된 시민 의식과 관용 정신은 애초의 낮은 기대와 우려로 인해 더욱 놀라운 결과로 다가왔다.

본 책은 2018년과 2019년, 2년에 걸쳐 진행된 사회적 대화의 결과를 토대로 구성했다.[3] 2년 동안의 사회적 대화에서는 북한을 보는 시각(존중과 협력의 대상 vs 대결과 극복의 대상), 통일에 대한 인식(한 체제로의 통합 vs 두 체제의 공존), 인도적 지원(남북 관계 상황에 따라 지원 vs 남북 관

해 비로소 전체적인 진실에 근접할 수 있다고 했다.

2   자신의 가치관, 신념, 판단 따위와 부합하는 정보에만 주목하고 그 외의 정보는 무시하는 사고방식. 『네이버 국어사전』 참고

3   〈평화·통일비전 사회적 대화〉는 2020년에도 진행되고 있다.

계 상황과 무관하게 지원) 등 세 의제를 주로 다루었다. 사
회적 대화 후에 태도를 바꾼 참여자는 의제별로 최소 60퍼
센트에 육박하거나 최대 90퍼센트에 근접했다. 10점 만점
설문 문항의 응답 결과가 숙의 후에 1점이라도 변경된 경우
를 변화로 규정했다는 점에서 변화를 민감하게 측정한 측
면이 있지만, 숙의 후에 조금이라도 생각을 바꾼 사람이 이
토록 많았다는 사실은 놀랍다고 하지 않을 수 없다. 변화의
방향은 존중과 협력의 대상이라는 응답, 두 체제가 공존해
야 한다는 응답, 남북 관계 상황과 무관하게 지원해야 한다
는 응답 등이 증가하는 양상이었다. 사회적 대화에 참여한
시민은 학습과 숙의 토론을 통해 남북이 협력하고 공존하
며 협조하는 것이 바람직하다는 데 의견이 수렴되는 경향
을 보였다.[4]

4   여기서 한 가지 언급하고 넘어가야 할 점은, 사회적 대화는 승자와 패
자를 가르는 경기가 아니라는 것이다. 이기고 지는 경쟁으로 보지 않기를
바란다. 서로를 이해하는 가운데 공통분모를 찾고, 사회적 문제를 해결해
나가는 방안을 모색하는 데 더 큰 의의가 있다. 사회적 대화를 가졌던 당시
사회 분위기와 여론 지형에 따라 결과가 달라지기도 하고, 변화의 폭도 일
정하지 않을 수 있다. 요컨대 변화의 방향과 폭에 너무 큰 의미를 부여하지
않기를 바란다. 모든 참가자의 만족도가 높게 나온 이유는 자기의 주장대로
다수의 결과가 나왔기 때문이 아니라, 숙의민주주의의 깊은 참맛을 보았기
때문이었다. 누구나 안전하게 자기의 생각을 말할 수 있고, 서로를 존중하

주목되는 점은 남북 관계와 통일에 대한 인식이 일반 시민에 비해 견고하다고 할 수 있는 보수·중도·진보 진영의 활동가들조차 사회적 대화 후에 의미 있는 태도의 변화를 보였으며, 진영 간 대화가 필요하다는 데 인식을 같이했다는 것이다. 또한 자신과 다른 생각에 대한 수용성은 진보와 보수 진영보다는 중도 진영에서 컸으며, 남성보다 여성에서 상대적으로 컸다.

사회적 대화를 통해 확인할 수 있었던 또 다른 사실은, 2030 세대가 통일과 남북 관계에 대해 다소 보수적으로 생각하고 있지만, 이는 비단 2030에 국한된 것은 아니며 전후 세대에게서 공통으로 확인할 수 있는 특성이라는 점이다. 2030은 다른 세대에 비해 더욱 팍팍한 현실로 인해 보수적 인식이 존재하는바, 숙의 토론을 통한 변화 양상은 60세 이상 고연령층보다 컸다는 점이 상이하며, 60세 이상 고연령층도 학습과 토의 후에 변화의 정도가 작지 않았다는 점도 관심사였다.

한편, 사회적 대화는 자신과 다름을 존중하고 차이를 인정하는 관용 정신과 시민 의식을 배가한다는 점에서도 두

고 경청하는 가운데 상호 신뢰와 믿음이 형성되는 것을 보았다.

드러졌다. 참가자 10명 중 9명 이상은 숙의 후에 자신과 다른 입장의 사람을 더 잘 이해하게 되었으며, 평화 통일 추진 과정에서 자신과 다른 의견으로 결정되더라도 그 결정을 신뢰할 것이라고 답했다. 학습과 경청을 기반으로 한 숙의 토론을 거치지 않고서는 나올 수 없는 결과라고 생각한다. 이를 통해 남북 관계와 통일에 대한 의제도 전(全) 국민적 합의에 도달할 수 있다는 가능성을 실증적으로 확인했다는 점이 무엇보다 의미 있는 소득이었다.

〈평화·통일비전 사회적 대화〉를 기획하고 시작하면서 남북 관계와 통일에 대한 인식은 쉽게 변하지 않을 것이며, 합의는 고사하고 참여자들 간에 싸움만 일어나지 않으면 다행이라고 생각했던 것이 사실이다. 하지만 막상 퍼실리테이터facilitator가 이끄는 질서 정연한 숙의 토론을 해보니, 자신의 기존 생각을 바꾸는 참여자가 과반을 넘는 것에 놀라움을 금할 수 없었고, 합의도 불가능하지 않다는 실현 가능한 희망을 갖게 되었다. 시민은 고답이[5]도, 꼰대도, 꼴통도 아니었다. 학습할 기회가 부여되고 숙의 토론의 장이 마

---

5 〈고구마를 먹고 목이 메는 것처럼 답답하게 구는 사람〉이라는 뜻으로, 앞뒤가 꽉 막힌 사람을 비유적으로 이르는 말.

련되면 잠재되어 있던 관용의 정신이 드러나고, 공동체 구성원으로서 서로를 존중하고 서로에게서 배우는 지혜를 자연스럽게 터득했다.

마지막으로, 감사의 말씀을 빠뜨릴 수 없다. 통일비전시민회의 상임공동의장 네 분의 헌신적인 지도력과 운영위원 여러분의 성원과 격려가 없었다면 이 책은 나올 수 없었을 것이다. 아울러 사무국 간사들과 한국리서치, 비전메이커, HND 담당자들의 진심 어린 노력과 헌신이 뒷받침되었기에 사회적 대화를 성공적으로 수행할 수 있었고, 성과물로서 본 책이 발간될 수 있었다. 이들 모두에게 깊은 감사의 말씀을 전한다.

2020년 12월

저자 일동

차례

우리 사회의 통념과 그에 대한 도전

1
우리 사회의 고질적인 두 가지 통념

우리 사회에는 〈으레 그렇지〉라고 받아들이는 관성적 판단이나 인식이 적지 않다. 그렇지만 실상을 접하거나 한 단계 더 들어가 속내를 살펴보면 의외의 사실 또는 새로운 진실을 접하는 경우가 종종 있다. 코로나19를 겪으며 우리의 방역 역량과 시스템, 공동체성에 기반한 시민의 자발적 참여 수준을 다른 나라와의 비교를 통해 확인하면서 스스로 놀란 경험이 대표적이라고 할 것이다.

이러한 관점에서 다시 한번 짚어 볼 필요가 있는 또 다른 고정 관념이 있다. 평화·통일·남북 관계에 대한 인식과 대화·토의[1]에 대한 우리 시민의 역량에 대한 평가가 그것이

---

1   본 글에서는 토론회 등 행사를 지칭할 경우 등 예외적인 문맥 외에는 토론(討論)이 아닌 토의(討議)라는 용어를 사용한다. 토론은 옳고 그름을 주장하고 다투는 데 방점이 있는 반면, 토의는 서로의 다름을 인정하고 합

다. 둘 다 실재나 실체와는 상이한 상투적·통념적이라고 할 만한 판단과 편견들이 우리 사회에 널리 자리 잡고 있다.

남북 관계와 통일에 대한 생각은 쉽게 변하지 않는다?

민족화해협력범국민협의회(이하 민화협)의 의뢰로 한국리서치가 2018년에 실시한 남북 관계와 통일에 대한 국민 인식 조사[2]에 따르면, 우리 국민 10명 중 7명(69.9퍼센트)은 남북 관계나 통일과 관련한 남남 갈등이 심각하다고 생각한다.

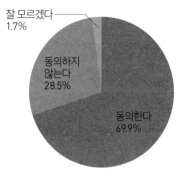

[그림 1] 남북 관계나 통일에 대한 남남 갈등 심각성 주장에 대한 동의도

의를 지향하고자 하는 대화에 방점이 있다는 입장에서 그렇다.
2   민화협 - 한국리서치, 남북 관계와 통일에 관한 국민 인식 조사, 2018년 1월, 한국리서치 응답자 패널 대상 전국 19세 이상 성인 남녀 800명 전화 면접 조사(CATI), 표본 오차는 95퍼센트 신뢰 수준에서 ±3.5퍼센트.

진보 정당과 보수 정당	84.7
진보 성향의 사람과 보수 성향의 사람	82.4
젊은 세대와 나이 든 세대	71.3
6·25 전쟁을 겪어 본 사람과 그렇지 않은 사람	66.6
북한이 고향인 사람과 남한이 고향인 사람	38.1
남자와 여자	25.9

(단위: %)

[그림 2] 남북 관계나 통일을 둘러싼 집단 간 갈등이 심한 정도

또한 같은 조사의 다른 결과를 살펴보면, 남북 관계나 통일을 둘러싼 집단 간 갈등 정도에서 진보 성향의 사람과 보수 성향의 사람, 젊은 세대와 나이 든 세대 간에 갈등이 심하다는 응답은 각각 82.4퍼센트와 71.3퍼센트로 높다. 우리 사회 구성원들은 이 두 집단 간 갈등은 정당 간 갈등 (84.7퍼센트) 다음으로 심하다고 생각하고 있다.

한편, 남북 관계나 통일 문제는 대한민국 70년 현대사와 함께한다는 역사성, 우리 국민 모두가 당사자라는 보편성, 정치권과 이념 진영의 첨예한 갈등 사안이라는 정치성 등으로 인해 이미 형성된 인식은 쉽사리 변하지 않는 특성이 있는 것으로 이해된다.

이로 인해 남북 관계나 통일에 대한 생각이 다른 사람끼리는 대화가 불가능하며, 대화를 시도하더라도 합의에 이르거나 서로의 다름을 인정하지 못하고 자신의 주장만을 내세움에 따라, 심할 경우 다툼으로 귀결되는 때도 적지 않은 것이 현실이다.

이러한 경향은 보수와 진보 각 진영에서 활동하는 활동가나 이념 성향이 확고한 사람일수록 뚜렷하여, 이들은 일반 시민들보다 서로의 입장과 처지를 이해하고 존중할 여지가 더 협소한 것으로 받아들여지곤 한다. 그렇기 때문에 진영 활동가나 특정 이념 성향이 강한 일반 시민끼리는 남북 관계나 통일 문제에 대한 대화를 스스로 회피해 온 측면도 있다고 할 것이다.

우리 사회에서 이념 지형을 논할 때 세대는 핵심적인 논의의 대상이다. 특히, 최근 각종 여론 조사와 사회 이슈에 대한 반응에서 20대의 보수화 경향이 감지되었고, 2018년 평창 동계 올림픽 때 여자 아이스하키 남북 단일팀 구성을 둘러싼 공정성 논쟁이 20대의 보수화 논의로 확대되었다. 이에 따라 20대 남자의 이념성을 확인하고자 하는 심층 조사[3]가 시행되는 등 20대의 보수화는 일정 기간 가장 도드라진

---

3   시사인 - 한국리서치, 20대 남자 그들은 누구인가?, 2019년 4월. 한국리서치 응답자 패널 대상 전국 19세 이상 성인 남녀 1천 명 웹 조사, 표본 오차는 95퍼센트 신뢰 수준에서 ±3.1퍼센트.

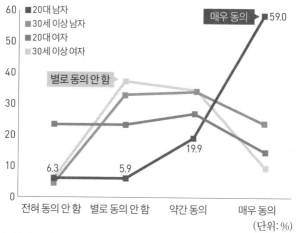

[그림 3] 페미니즘은 여성 우월주의다

화두였다.

이러한 20대의 보수화 현상을 두고, 이들이 60세 이상 고령층의 보수적 이념 성향과 유사하거나 이들의 성향으로 수렴된다고 성급하게 결론을 내리는 경우가 있다. 또한 일부 보수적인 성향을 보이는 정치권에서는 20대가 자신들을 지지하고 있다는 기대감을 갖기도 했다. 이는 모두 특정 사안과 정책에 대해 보수적인 입장을 취하는 사람은 다른 정책에 대한 판단도 이념성에 기반하여 무차별적으로 하고, 정치적 선택도 진영 논리에 따라 할 것이라는 관성적 사고의 결과라고 할 것이다.

1장 우리 사회의 통념과 그에 대한 도전

우리나라 사람은 대화와 토의 능력이 부족하다?

자신은 사회적으로 바람직한 행위를 잘하지만 다른 사람은 그러지 못한다고 생각하는 것은 인간의 보편적인 사고방식이기는 하다. 그런데 그 간극이 특히 큰 영역이 대화·토의에 대한 인식이라고 할 것이다. 즉 자신은 대화와 토의를 잘하지만 다른 사람은 못한다고 생각하는 경향이 강하다.

(사)함께하는경청(이사장 정성헌) 출범을 기념하여 한국리서치가 2015년 조사한 결과에 따르면, 우리 국민의

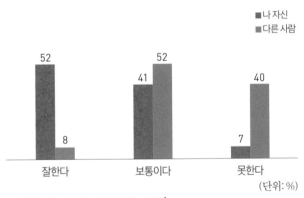

[그림 4] 대화나 의사소통을 잘하는 정도[4]

4   함께하는경청 - 한국리서치, 한국인의 대화와 경청에 대한 조사, 2015년 5월, 한국리서치 응답자 패널 대상 전국 19세 이상 성인 남녀

52퍼센트는 자신이 대화나 의사소통을 잘한다고 생각했다. 반면, 다른 사람이 대화나 의사소통을 잘한다고 보는 응답은 8퍼센트에 불과했으며, 못한다는 응답이 40퍼센트에 이르렀다.

그래서 이야기를 듣는 다섯 가지 유형 중에서 자신은 상대방 이야기에 귀 기울이고 이해하려 듣는 〈경청형〉에 속한다고 생각하는 사람이 3명 중 2명(67퍼센트)이나 된다. 그런데 자신을 제외한 다른 사람 중에서 경청형에 속한다고 인정해 줄 만한 사람은 우리 사회에서 7퍼센트 정도에 불과하고, 70퍼센트 이상이 상대방의 이야기를 듣기는 하지만 건성으로 듣거나 못 알아듣는 〈건성형〉과, 상대방의 이야기를 듣고 말꼬리를 잡거나 반박을 하는 〈매복형〉에 해당한다고 인식하고 있다. 상황이 이러다 보니 다른 사람과 대화를 하거나 합의를 할 수 있다는 가능성을 애초부터 부정하는 사람이 적지 않은 것으로 보인다.

1,006명 웹 조사, 표본 오차는 95퍼센트 신뢰 수준에 ±3.1퍼센트.

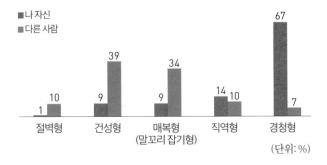

■ 나 자신
■ 다른 사람

67

39

34

10   14 10
 1   9   9   7

절벽형 건성형   매복형   직역형   경청형
              (말꼬리 잡기형)
                              (단위: %)

- 절벽형: 상대방 이야기를 들으려 하지 않음.
- 건성형: 상대방 이야기를 듣기는 하지만 건성으로 듣거나 못 알아들음.
- 매복형: 상대방 이야기를 듣고 말꼬리를 잡거나 반박함.
- 직역형: 상대방 이야기를 곧이곧대로 듣고 속뜻을 알아채지 못함.
- 경청형: 상대방 이야기에 귀 기울이고 이해하려고 함.

[그림 5] 이야기를 듣는 유형[5]

5   『갈등 해결의 지혜』(일빛, 2009)에서 강영진은 사람의 듣는 유형을 본서에서 언급한 다섯 가지 유형 이외에 〈쇠귀형〉까지 포함하여 모두 여섯 가지 유형으로 구분했다. 쇠귀형은 듣기는 하지만 말귀를 전혀 알아듣지 못하는 유형을 이른다. 한국리서치는 설문을 구성하는 과정에서 강영진과의 협의를 통해 쇠귀형을 건성형과 통합하여 다섯 가지 유형으로 조사했다. 건성형과 쇠귀형이 본질에서는 크게 구분되지 않으며, 가급적 간명하게 조사하는 것이 바람직하다는 조사의 현실을 고려했기 때문이다. 듣는 유형은 설문 조사에 참여한 응답자 자신의 응답을 토대로 구분했다는 점에서 주관성에 기반한 결과임을 상기할 필요가 있다.

2
통념에 대한 전례 없는 도전,
〈평화와 통일을 위한 사회적 대화〉

〈평화와 통일을 위한 사회적 대화〉는 진보·중도·보수 시민 단체와 종교 단체가 주관하고 일반 시민이 참여하여, 남한 사회 구성원 모두가 공감하고 정권과 무관하게 지속될 수 있는 〈통일국민협약〉을 도출하는 것이 목적이었다.

이 점에서 〈평화와 통일을 위한 사회적 대화〉는 앞에서 언급한 두 가지 통념에 대한 도전으로부터 출발했다. 〈북한과 통일에 대한 생각은 이미 고착화되어 있는데, 사회적 대화가 필요한 것인가?〉라는 회의(懷疑)가 우리 사회의 커다란 장벽이었고, 〈우리 시민은 민주적 토의 경험이 적고 토의할 능력도 부족하여, 전혀 모르는 사람들과 같이 제대로 된 토의를 할 수 없을 거야〉라는 냉소(冷笑)도 풀어야 할 과제였다.

보수와 진보 및 중도와 종교계 시민 사회는 남남 갈등을 해소하고 평화·통일비전을 마련하자는 공감대하에, 사회적 대화[6] 방식으로 평화·통일 사회 협약을 도출하자는 취지에 따라 〈평화·통일비전 사회적 대화 전국시민회의〉를 결성했으며, 2년에 걸쳐 일반 시민 및 시민 단체 활동가 등과 함께 사회적 대화를 추진했다.

사회적 대화는 2018년에 일반 시민과 시민 단체 활동가를 대상으로 지역별 대화를 시행했으며, 보수·중도·진보·시민 단체 관계자 대상 진영 대화와, 고등학생과 대학생 대상 미래 세대 대화도 병행했다. 2년 차인 2019년은 사회적 대화를 본격적으로 시행한 해라고 할 수 있으며, 일반 시민을 대상으로 한 권역별 대화 이후 종합 대화를 했다. 종합 대화 참여자는 권역별 참여자 중에서 대표성을 고려하여 선정했는데, 종합 대화 참여자의 숙의성을 제고하기 위한 방안이었다.

---

6   공론화 기법의 일종인 사회적 대화social dialogue는 참여 시민이 일상생활에서 접하기 힘든 의제에 대해 숙의deliberation하고, 다른 입장을 가진 사람들과 토의하는 과정을 거치면서 자신의 생각을 정립하게 된다. 이렇게 모아진 의견을 공론(公論)이라고 한다. 이 점에서 사회적 대화는 민주적 의사 결정 과정의 정당성을 강화한다. 또한 사회적 대화에 참여한다는 것은 민주적 의사 결정 과정에 참여한다는 것을 의미한다. 즉 사회적 대화는 참여 시민이 공동체 참여 경험을 통해 시민성을 함양하는 효과도 기대한다.

이념 성향·지역·성별 등이 달라 이야기하기 쉽지 않은 사람들을 한곳에 모아 놓고, 규칙을 정하고 서로의 생각을 말하면서 서로를 이해하는 것 자체가 의미 있는 일이자 처음 시도해 보는 도전이었다. 대화를 진행하면서 여러 가지 회의적인 시선과 냉소들을 극복해 나가는 것은 또 하나의 도전이었고 즐거운 과제였다. 그 과정에서 우리의 사회 인식 지형과 기존 사회 통념이 사실과 다르다는 것을 확인할 수 있었다.

2장에서는 사회적 대화를 진행하면서 나타난 우리 사회의 남북 관계·통일과 관련한 인식·여론 지형을 분석한다. 또한 이미 제시된 우리 사회 통념들이 사실과 얼마나 부합하는지 등을 살펴보고자 한다.

사회적 대화 개요

2018년 사회적 대화는 일반 시민과 시민 단체 활동가를 대상으로 한 지역별 대화와 시민 단체 활동가와 미래 세대를 대상으로 한 대상별 대화로 진행했다. 지역별 대화는 수도권, 충청권, 호남권, 영남권 등 4개 권역에서 진행했으며, 일반 시민 201명과 활동가 141명 등 총 342명이 참여했다. 대상별 대화는 활동가 77명과 미래 세대 76명을 대상으로 각각 1회씩 진행했다.

2018년 사회적 대화 의제는 ① 북한을 보는 시각(적대와 극복의 대상 vs 존중과 협력의 대상), ② 한반도 미래상(하나의 체제로 통합 vs 두 체제의 공존), ③ 2019년 대화를 위한 의제 우선순위 선정 등이었다.

2년 차 사회적 대화인 2019년 사회적 대화는 권역별 대화와 종합 대화로 구성했다. 2019년 대화는 2018년 대화에 비해 일반 시민의 대표성을 대폭 보강하여, 권역별 대화는 4개 권역별로 200명 내외 총 762명이 1일간 진행했다.

권역별 대화 의제는 ① 한반도 평화 통일 체제, ② 사회적 합의를 위한 원칙 등 2개 의제는 공통 의제로 했으며, ③-1 한반도 평화 체제와 비핵화(영남권, 호남권), ③-2 대북 인도적 지원 조건(수도권, 충청권)은 권역별 특화 의제로 논의했다.

권역별 대화 이후에 진행한 종합 대화 참여자는 권역별 대화 참여자 중에서 158명을 선정했다. 종합 대화는 대북 인도적 지원에 대한 만장일치 수준의 합의안 도출을 목표로 1박 2일 동안 진행했다. 우리 사회에서 무작위로 선출된 다수의 일반 시민을 대상으로 만장일치를 추구하는 합의 형성 모델을 적용한 사례[7]는 2019년 종합 대화가 첫 시도였다.

---

7   만장일치 합의 모델로 대표적인 것은 신라의 화백 제도, 가톨릭 교황 선출 방식인 콩클라베 등을 꼽을 수 있다. 이는 당대 최고의 엘리트 계층이나 합의 과정에 대해 고도로 훈련받은 소수의 특수한 계층이 참여했다는 공통점이 있는바, 다수의 일반 시민을 대상으로 만장일치를 추구하는 합의 형성 모델을 적용한 점은 그 자체로 전례가 없는 도전이었다고 할 수 있다.

사회적 대화를 통해 본 우리 사회의 인식 지향

1
개괄

남북 관계 및 통일과 관련한 우리의 인식은 변하지 않는 것인가? 인식이 바뀐다면 누가, 어떤 조건일 때 바뀌는 것인가? 혹은 바뀌지 않는다면 누가, 어떤 조건일 때 바뀌지 않는 것인가? 그리고 바뀐다면 평소 다양한 의견을 존중해야 한다고 강조해 오던 진보가, 바뀌지 않는다면 보수가 그럴 것이라고 짐작하기도 했다. 나이 든 세대보다 젊은 세대가 더 유연한 태도로 대화에 임할 것이라고 생각하기도 했다. 남자가 여자보다 남북 관계와 통일 문제에 관심이 있어 적극적으로 생각할 것이라고, 그리고 20대는 이런 문제에 관심이 없고 보수적일 것이라고 예상했었다. 이런 우리의 당초 생각들은 모두 맞아떨어졌을까?

물론 여기에서 다루어지는 사회적 대화의 참석자들이 우리 사회를 대표하는 표본이라고 보기는 어렵다. 그러나 우리 사회의 한 단면을 적절히 보여 줄 수는 있다고 생각한다.

평화와 통일을 위한 사회적 대화는 남북 관계와 통일을 주제로, 시민[1]이 참여함으로써 형성된 공론장에서 공적 토의를 통해 평화와 통일에 대한 이해를 증진함과 동시에, 사회적 합의를 통해 통일국민협약을 도출하는 것을 목적으로 했다. 이 점에서 평화와 통일을 위한 사회적 대화는 북한·통일·남북 관계 등에 대한 현시대 시민의 인식 지형과 변화 양상을 확인할 수 있는 기회였을 뿐만 아니라, 시민들의 민주적 토의 수준 및 토의의 효과를 목도할 수 있는 장이기도 했다.

이번 장에서는 이에 대해 개괄적으로 정리하고, 보다 구체적인 결과는 2절부터 기술할 것이다.

---

1   본 글에서 시민citizen은 행정 구역 단위인 시(市)에 거주하는 사람을 지칭하는 것이 아니라 정치 공동체의 법적 구성원을 의미한다. 또한 바버 Barber가 개념화한 바의 시민과 유사하다. 바버는 시민과 대중masses을 구분하여 대중은 아직 시민이 되지 않은 사람들로서 스스로를 지배하지 못하는 명목적인 자유인에 불과하다고 했다. 바버에 따르면 대중은 소란을 일으키지만 시민은 심사숙고하고, 대중은 대응behave하지만 시민은 행동act하며, 대중은 충돌하고 대립하지만 시민은 관여하고 공유하고 기여한다고 하여 시민과 대중을 구분했다. 이 점에서 시민은 영토 내에 거주하는 사람을 칭하는 국민(國民)과도 다른 개념이다.

사회적 대화 전후(前後) 시민의 인식과 변화

사회적 대화에 참여한 시민은 북한을 대결과 극복의 대상으로 여기기보다는 존중과 협력의 대상으로 보았으며, 사회적 대화 후에 존중과 협력의 대상으로 보는 입장이 더 강화되었다. 두 입장 간의 격차는 사회적 대화에서 다룬 다른 어떤 의제보다도 컸으며, 대화 후에 간극이 더 커졌다는 특징이 있다.

반면, 다른 의제는 사회적 대화 후에 서로 다른 입장이 중간으로 수렴하거나, 대화 전후 결과가 역전된 사안도 있었다. 먼저, 〈한 체제 통합과 두 체제 공존〉에 대해 사회적 대화 전에는 한 체제 통합이 두 체제 공존보다 우세했지만, 대화 후에는 두 입장이 큰 차이 없이 근접했다. 〈대북 인도적 지원에 대한 입장〉은 사회적 대화 전후에 입장의 변동 폭이 가장 컸다. 대화 전에는 인도적 지원이 군사적 상황에 영향을 받는 것이 불가피하다는 입장이 우세했지만, 대화 후에는 군사적 상황과 무관하게 인도적 지원은 지속되어야 한다는 응답이 우세했다. 한편, 〈비핵화와 평화 체제 우선 여부〉에 대한 대화 전후 결과를 비교하면, 평화 체제가 먼저라는 응답은 별다른 차이가 없지만, 비핵화가 먼저라는 응답은 감소하고 동시 병행이라는 응답이 증가했다.

이를 통해 사회적 대화에 참여한 시민들은 북한과 통일과 남북 관계를 생각함에 있어, 대결과 대립보다는 공존과 타협을, 극단보다는 조화를, 조건성보다는 무조건성을 지향하고 있음을 알 수 있었다.

또한 절대다수의 시민은 사회적 대화 이후 통일에 대한 관심이 높아졌다고 했다. 기성세대에 비해 통일에 대한 관심이 낮은 것으로 알려진 20대도 예외는 아니었다.

평상시 생각할 틈이 없던 통일에 대해서 다시 생각해 볼 수 있어서 좋았어요. (남자, 20대)

사회적 대화 참여자들은 대화 참여 전에 남북 관계와 통일에 대한 자신의 기존 생각은 변하지 않을 것이고, 자신과 입장이 다른 사람을 자신에게 동조하도록 설득할 생각이라는 의견을 냈으나, 각계각층의 사람들과 다양한 대화를 나눈 후에 자신의 생각을 바꾼 사람이 의제에 따라 최소 60퍼센트에서 최대 90퍼센트에 이르렀다.

저는 가서 충격을 많이 받았어요. 이렇게 생각이 섞일 수도 있구나…… 많은 생각이 들었어요. (남자, 20대)

처음에는 통일에 대해서 부정적인 생각을 갖고 있다
가 거기 참여하고 생각이 많이 바뀌었어요. (여자, 30대)

한편, 사회적 대화 참여자 10명 중 9명은 〈나와 다른 입
장의 생각을 더 이해하게 되었다〉고 했으며, 〈한반도 평화·
통일 추진 과정에서 나와 다른 의견으로 결정되더라도 그
결정을 신뢰할 것이다〉라고 했다. 사회적 대화 후에 〈관용〉
의 정신이 발현되었고, 정책에 대한 신뢰가 증대된 것이다.
사회적 대화는 서로 다른 세대 간의 소통과 이해의 시간
이기도 했다. 평소에 대화할 기회가 없고, 선입견으로 인해
대화할 기회도 회피했던 시민들이 사회적 대화라는 공론
장에서 서로 공감하고 이해하는 경험을 하게 되었다. 사회
적 대화 참여자들은 이 점만으로도 사회적 대화의 기회를
더 자주 갖기를 기대했다.

연세가 있으신 분하고는 대화가 안 될 줄 알았어요. 오
히려 같이 이야기하다 보니까 저랑 대화가 될 수도 있고,
하나로 좁혀질 수도 있겠구나 생각했어요. (여자, 20대)

저희 세대에 그치지 말고 10대, 20대, 30대 등 다양

한 이야기를 많이 들어야 하겠고, 뭔가 정착되기 전까지
는 이런 기회를 많이 가졌으면 좋겠어요. (영남권, 여자,
50대)

사회적 대화 전후 시민의 인식 변화 이유

사회적 대화는 새로운 정보를 접할 수 있는 학습의 장이다.
자료집을 통해 의제와 관련된 쟁점을 학습하고, 서로 다른
입장인 전문가의 발표를 통해 쟁점을 비교 검토하며, 전문가
와의 질의응답을 통해 궁금증을 해소하기도 한다. 지역·성
별·연령·이념 성향이 다양한 십여 명의 시민끼리 질서 정
연한 토의 규칙에 따라 쟁점에 대해 생각을 자유롭게 나누
는 분임 토의 시간도 갖는다. 이는 다양한 정보를 통해 자
신의 생각과 입장을 점검하고, 자신과는 다른 입장의 논거
를 숙고하는 기회가 된다.

　위와 같은 학습과 숙의 과정을 거치면서 사회적 대화 참
여자들은 쟁점에 대해 보다 합리적이고 타당하게 판단하
게 된다. 제한된 경험과 정보에 근거한 기존 입장이 통합적
사고를 통해 새롭게 정립된다.

　또한 사회적 대화는 일상의 대화와는 전혀 다른 여건에
서 〈경청〉할 기회를 부여받는다. 사회적 대화의 핵심 절차

인 분임 토의는 전문 퍼실리테이터의 사회로, 다음의 경청 토의 규칙에 따라 진행된다.

경청 토의 규칙

- 모든 생각이 타당하다고 여깁니다.
- 말할 때와 들을 때 서로 존중합니다.
- 나의 의견을 상대방에게 강요하지 않습니다.
- 한 사람이 말할 때는 끼어들지 않고 듣습니다.
- 생각이 다르더라도 끝까지 마음을 다해 듣습니다.
- 다른 사람들도 충분히 말할 수 있도록 주어진 발언 시간을 지킵니다.
- 생각 나누기, 질문하기, 듣기 등에 적극적으로 참여합니다.
- 원활한 토의를 위해 퍼실리테이터의 안내를 잘 따릅니다.

경청 토의를 통해 자신과 입장이 다른 사람의 이야기에 동의할 수는 없다고 하더라도 그 사람의 생각을 존중하고 공감할 수 있게 된다. 관용의 정신이 자연스럽게 표출되고, 경청 토의에 기반하여 합의된 정책은 신뢰를 확보하게 된다.

공론화 및 사회적 대화에 대한 주된 비판으로 첫째, 감정적이고 비합리적인 일반 시민들은 민주적인 토의가 가능하지 않을 것이라는 〈무식한 유권자ignorant and irrational voters〉가정, 둘째, 편견의 작동에 의해 생각을 조정하는 〈설득 효과persuasion effect〉보다는 기존 입장의 〈강화 효과reinforcement effect〉가 클 것이라는 시민 역량에 대한 불신 등을 지적한다.

그러나 사회적 대화 참여자들은 사회적 대화를 통해 ① 구성원들 간 상호 이해mutual understanding, ② 자신의 편견self bias 자각 및 상대에 대한 관용적 사고tolerance 강화, ③ 설득 효과persuasion effect 등을 체험했다. 사회적 대화 참여자들은 대화 후에 자신의 고정 관념과 편견을 자각하고, 입장이 다른 전문가의 발표나 다른 생각을 가진 사람들과의 상호 이해의 과정을 경험했다.

전문가의 이야기를 듣고 나서 사람들이 기존에 생각한 것에서 많이 변화되는 과정을 지켜보면서, 대화 나누는 과정에서 바뀌었어요⋯⋯.(여자, 30대)

2
북한·통일·남북 관계의 인식 지형

북한에 대한 인식

〈존중과 협력의 대상〉이라는 응답이 두 배 이상 높았을 뿐만 아니라, 사회적 대화 이후 해당 응답이 더 증가해

2019년 대화에서는 논의하지 않고 2018년 대화에서만 논의한 의제인 〈북한을 보는 시각〉에 대한 숙의 토의 전후 결과를 살펴보면, 북한을 〈존중과 협력의 대상〉으로 생각한다는 응답이 10점 만점에 6.88점에서 7.13점으로 0.25점 상승했다. 대결과 극복의 대상이라는 응답은 3.12점에서 2.87점으로 하락했다.

북한을 보는 시각은 이념 성향과 무관하게 생애 전 기간에 걸쳐 직간접 경험을 통해 형성된 상당히 고착화된 인식이자 가치관이라는 점에서, 단기간의 학습과 숙의 토의 후에 어떠한 방향으로든 변화가 발생한 것은 의미 있게 해석

할 필요가 있다. 변화의 단초는 토론장에서 진행된 자료집 학습, 전문가 발표, 성별·연령 등이 다양한 시민과의 분임 토의, 전문가의 질의응답 등이라고 할 수 있기 때문이다.[2] 또한, 이러한 숙의 토의 효과는 자극의 시간이 길고, 자극의 양이 많으면 숙의 토의 참가자의 인식 변화는 더 커진다고 가정한다. 숙의 토의에서 참가자가 쟁점을 충분히 숙의할 수 있도록 설계하는 것을 강조하는 이유는 이 때문이다. 단기간의 숙의 토의와 학습을 통해 인식이 바뀌었다는 것은 오랜 기간을 거쳐 형성된 이념형 가치관은 쉽게 바뀌지 않는다거나, 자신의 가치관을 강화하는 확증 편향이 발생할 개연성이 크다고 보는 등의 통념적 생각이 재검토될 필요가 있음을 알려 준다.

2   숙의 토의 조사는 소수의 공중mini-publics을 대상으로 한 일종의 실험 설계experimental design이다. 숙의 토의 참가자와 숙의 토의에 참가하지 않은 다른 시민 간에는 공론장public sphere에서의 숙의 요건(자료집, 전문가 발표, 분임 토의, 전문가와의 질의응답, 숙의 토의장에서 타 참가자와의 자연스러운 대화 등) 이외에 다른 여건(일상적 생활, 경험, 학습 여건 등)은 동일하다고 가정하거나 통제함으로써, 숙의 토의 참가자의 인식의 변화나 숙의 토의에 참가하지 않은 다른 시민과의 인식 차이는 숙의 토의 조사 과정에서의 숙의 효과로 해석한다.

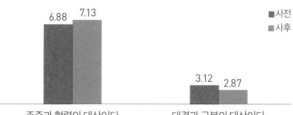

[그림 6] 북한을 보는 시각: 전체

　인식 변화의 양상을 시민 유형별로 살펴보면, 일반 시민의 변화의 폭이 가장 크다. 전업 연구자나 활동가들과 달리 일상을 살아가면서 이념형 사고를 형성해 가는 일반 시민은 가치관이 상대적으로 견고하지 않다는 점에서, 사실에 기반한 외부의 자극(학습·토의 등)에 영향을 받을 여지가 더 크다고 할 수 있다.

　다소 의외의 결과라고 할 수 있는 것은 미래 세대보다 활동가의 변화의 폭이 크다는 점으로, 이도 주목할 만하다. 이념형 판단을 더 강하게 할 것이라고 가정할 수 있는 진보·중도·보수 진영의 활동가들이 다양한 정보를 접하고 소화하는 성찰적 숙의 토의 후에 생각의 방향이나 수준을 적지 않게 수정했다는 것은, 활동가 그룹에게도 입장이 다른 사람과의 대화나 정보 교류를 통해 자신의 생각과 입장을 재점검하는 기회인 사회적 대화가 유효하며 필요하다는 것

을 입증한 결과로 해석할 수 있겠다.[3]

　미래 세대 또한 두 가지 측면에서 주목된다. 일반 시민이나 활동가에 비해 변화의 폭이 크지 않다는 점과, 변화의 방향이 역방향이라는 점이다. 미래 세대는 성인에 비해 북한을 판단하는 경험 요소가 상대적으로 적다는 점에서, 부모나 학교에서 학습 받은 제한된 요인이 크게 작용한다고 할 수 있다. 또한 보수적 시각을 강화하는 방향으로 변화되었다는 점에서 기성세대와는 다른 차원의 원인과 이유가 존재할 것이라는 가정이 가능하다. 이는 뒤에서 보다 상세히 논의하겠지만, 미래 세대의 미래에 대한 불확실성과 불안감에서 연유하는 생활 보수적 특성이 반영된 결과로 추정된다.

구분	시민 유형	사전	사후	사후-사전
존중과 협력의 대상이다	시민	6.53	6.97	+0.44
	활동가	7.34	7.56	+0.22
	미래 세대	6.59	6.42	-0.17
대결과 극복의 대상이다	시민	3.47	3.04	-0.44
	활동가	2.66	2.44	-0.22
	미래 세대	3.41	3.58	+0.17

(단위: 점/10점 만점)

[표 1] 북한을 보는 시각: 시민 유형별

3　이는 북한민주화위원회 허광일 위원장의 참관기에서 생생하게 확인할 수 있다.

이념 성향별로는 예측 가능한 결과를 확인할 수 있다. 즉 상대적으로 이념 성향이 뚜렷한 보수나 진보보다 이념 성향이 뚜렷하지 않은 중도에서 변화의 폭이 크다는 점이다. 그렇지만 보수와 진보 성향의 사람들 중에서도 의미 있는 변화가 있었다.

보수·중도·진보 모두 변화의 방향이 〈존중과 협력의 대상〉이라는 응답이 높아지는 동일 지향이라는 점도 시사하는 바가 크다. 이는 토의 시점이 남북, 북미 정상 회담 직후였다는 점도 간과할 수는 없다고 하겠으나, 보다 근본적으로는 오랜 기간 북한을 냉전 논리의 틀에서 사고한 편향으로부터 자연스럽게 변화되고 있는 과정으로 이해할 수도 있을 것이다.

구분	이념 성향	사전	사후	사후-사전
존중과 협력의 대상이다	보수	6.02	6.15	+0.14
	중도	7.20	7.57	+0.37
	진보	8.60	8.74	+0.14
대결과 극복의 대상이다	보수	3.98	3.85	-0.14
	중도	2.80	2.43	-0.37
	진보	1.40	1.26	-0.14

(단위: 점/10점 만점)

[표 2] 북한을 보는 시각: 이념 성향별

사회적 대화 참여자 10명 중 6명 이상은 대화 참여 후 생각이 달라져

한편, 학습과 숙의 토의 후에 사회적 대화 참여자 개인 단위에서의 변화량이 어느 정도이고, 어느 계층이 얼마나 변화했는가는 가장 큰 관심사 중의 하나였다.[4] 평균 점수로 확인하는 전체 결과는 상이한 입장으로의 변화가 서로 상쇄된 결과라는 점에서, 어떤 방향이냐와는 상관없이 생각이 조금이라도 달라진 사람이 얼마나 되는지는 알 수 없다. 이를 파악하기 위해서는 전체나 집단이 아니라 한 사람 한 사람을 살펴야 한다.[5]

---

4   한규섭(2007)은 공론 조사를 창시한 피시킨James S.Fishkim 및 그의 동료 러스킨Robert C.Luskin 등과의 공동 연구(Deliberation and Net Attitude Change)에서 숙의 토의 참가자 개인 단위에서의 변화를 net change라 개념화하고, 숙의 토의 후 전체 값의 변화량과는 다른 차원의 의미와 가치를 부여하며 개인 단위에서의 변화에 주목했다.

5   예를 들어 토의 전 조사 시 A 입장이 40명(40퍼센트), B 입장이 60명(60퍼센트)이었다가, 토의 후 A 입장이 45명(45퍼센트), B 입장이 55명(55퍼센트)이었다면, 언뜻 볼 때는 전체 변화는 5명(5퍼센트)으로 볼 수 있으나, 세부적으로 볼 때 조금이라도 입장이 달라진 사람은 5명보다 더 많을 수 있다. 가령 A 입장의 40명 중 30명이 B 입장으로 이동했고, B 입장의 35명이 A 입장으로 이동한 결과, 최종 A 입장 45명, B 입장 55명이 되었다면, 입장이 달라진 사람은 총 65명이 된다. 따라서 입장이 달라진 사람이 얼마나 되는지 알려면, 전체 결과로는 정확히 알 수 없고 개개인을 살펴봐야 한다. 각 입장의 숙의 전 값과 숙의 후 값의 차이로 표현되는 총량 변화량보다 개인 단위에서의 변화의 합에 대한 값이 훨씬 큰 것이 숙의 토의 조사의

[그림 7] 사회적 대화 전후 북한을 보는 시각의 변화 정도

결과를 살펴보면, 변화 방향과 무관하게 변화 여부만을 볼 때 전체 참여자의 60퍼센트가 변화했다.[6] 예상과 비교할 때 어떠한가?

변화의 방향은 〈존중과 협력〉 의견에 대한 동의도가 증가한 응답자 비율(39퍼센트)이 〈대결과 극복〉 방향으로 이동한 응답자 비율(21퍼센트)에 비해 두 배 가까이 높았다.

일부라도 동의도에 변동이 있었던 비율은 시민(70퍼센

특성이자 여론 조사의 특성이다.

6 변화량은 항목에 따라 다르지만, 본 사회적 대화와 관련한 주요 항목에서의 변화량은 60퍼센트를 상회하며, 90퍼센트에 육박하는 경우도 있다. 이를 다음 장에서 반복적으로 확인할 수 있다. 한편, 사회적 대화에서 〈변화〉는 10점 만점으로 구성한 설문 척도에서 1포인트라도 변경한 경우를 의미한다.

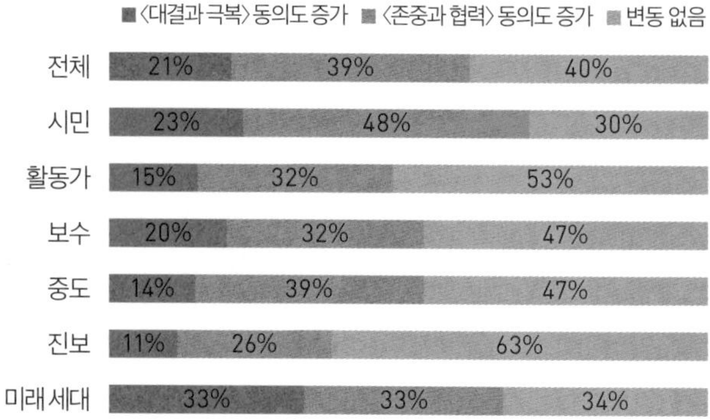

[그림 8] 사회적 대화 전후 북한을 보는 시각의 변화 정도: 응답자 특성별

트)과 미래 세대(66퍼센트)에서 높고, 활동가(53퍼센트)
와 진보 성향(63퍼센트)에서 상대적으로 낮았다.

통일에 대한 인식

사회적 대화 이전에도 한 체제로의 통합 응답이 높지만, 대화 이후
한 체제로의 통합 응답은 감소하고 두 체제 공존 응답이 증가해
2019년 사회적 대화 중 권역별 대화는 종합 대화를 위한 앞
단계 대화였지만, 독자적인 의제 토의의 기회이기도 했다.
그중 주요 의제가 〈한반도 체제에 대한 입장〉이었다. 〈한
체제로 통합해야 한다〉는 응답은 10점 만점에 5.57점에서
5.14점으로 하락한 반면, 〈두 체제가 공존해야 한다〉는 응
답은 4.43점에서 4.86점으로 상승했다.

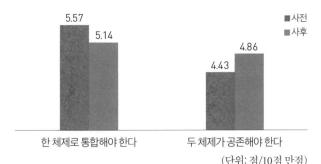

5.57

5.14

■사전
■사후

4.86

4.43

한 체제로 통합해야 한다

두 체제가 공존해야 한다

(단위: 점/10점 만점)

[그림 9] 한반도 체제에 대한 입장: 전체

숙의 토의 전후로 0.43점이라는 상당히 큰 폭의 변화를 보였다.

숙의 토의 전후 변화의 폭과 방향을 연령별·이념 성향별로 살펴보면 뚜렷한 차이를 볼 수 있다. 진보 성향을 대표하는 연령대인 30대와 40대는 변화의 폭도 클 뿐만 아니라, 〈두 체제 공존〉이라는 입장에 동조하는 응답이 많아 숙의 토의 후에 두 체제 공존과 한 체제로의 통합 응답 결과가 역전되었다. 반면, 보수 성향을 대표하는 60세 이상은 숙의 토의 후에 한 체제로의 통합 응답이 상승함으로써, 다른 연령대와 차이를 보였다.

한편, 그간 전반적인 이념 성향에서 60세 이상과 유사한 추세였던 29세 이하 젊은 세대는 한반도 체제 관련 입장에 관한 한 60세 이상 고연령층과 다른 경향을 보였다. 숙의 토의 전에는 60세 이상보다도 한 체제로의 통합(5.64점)을 견지했지만, 숙의 토의 후에는 두 체제 공존 입장으로의 변화의 폭이 40대 다음으로 높았다. 즉 20대의 성향은 다른 연령대에 비해 정보와 학습에 따라 변동 개연성이 더 크고, 이념적으로도 덜 고착화된 상태라고 할 것이다.

이념 성향별로는 숙의 토의 전후 중도의 변화의 폭이 가장 컸으며, 진보와 보수의 순이었다. 이념 성향과 상관없이 변화의 방향은 모두 두 체제 공존 입장이 증가하는 방향성을 보였다.[7]

구분	한 체제 통합			두 체제 공존		
	사전	사후	사후-사전	사전	사후	사후-사전
전체	**5.57**	**5.14**	**-0.43**	**4.43**	**4.86**	**+0.43**
연령별						
19~29세	5.64	5.03	-0.61	4.36	4.97	+0.61
30대	5.43	4.93	-0.50	4.57	5.07	+0.50
40대	5.70	4.89	-0.81	4.30	5.11	+0.81
50대	5.64	5.26	-0.38	4.36	4.74	+0.38
60세 이상	5.42	5.55	+0.13	4.58	4.45	-0.13
이념 성향별						
진보	5.40	4.94	-0.46	4.60	5.06	+0.46
중도	5.49	4.97	-0.52	4.51	5.03	+0.52
보수	6.05	5.82	-0.23	3.95	4.18	+0.23
잘 모름	4.64	5.38	+0.74	5.38	4.63	-0.74

(단위: 점/10점 만점)

[표 3] 한반도 체제에 대한 입장: 연령별·이념 성향별

[그림 10] 사회적 대화 전후 한반도 체제에 대한 입장의 변화 정도

한반도 체제에 대한 입장은 숙의 토의 후에 69.9퍼센트가 어떤 형태로든 변화를 보였다. 통일에 대한 인식도 다른 쟁점과 마찬가지로 새로운 정보를 접하고 질서 있는 토의를 할 경우, 변화할 개연성이 충분하다는 점을 다시금 확인할 수 있는 결과라고 하겠다.

연령별로 29세 이하는 두 체제 공존에 대한 동의도가 증가한 응답자 비율이 50.7퍼센트로, 60세 이상은 한 체제로의 통합 쪽으로 증가한 응답자 비율이 40.4퍼센트로 가장 높았다. 변동 없음은 40대 37.1퍼센트, 50대 35.7퍼센트로 다른 연령대보다 높았다.

---

7   잘 모름은 8명에 불과하다는 점에서, 조사 결과를 제한적으로 해석하고 참고 자료로만 활용할 필요가 있다.

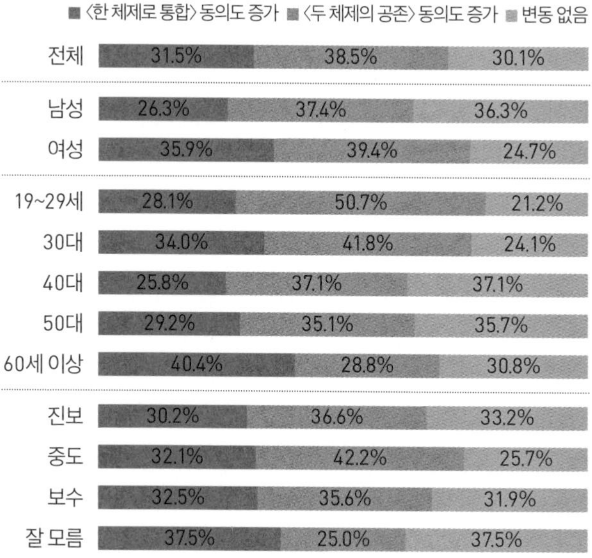

	〈한 체제로 통합〉 동의도 증가	〈두 체제의 공존〉 동의도 증가	변동 없음
전체	31.5%	38.5%	30.1%
남성	26.3%	37.4%	36.3%
여성	35.9%	39.4%	24.7%
19~29세	28.1%	50.7%	21.2%
30대	34.0%	41.8%	24.1%
40대	25.8%	37.1%	37.1%
50대	29.2%	35.1%	35.7%
60세 이상	40.4%	28.8%	30.8%
진보	30.2%	36.6%	33.2%
중도	32.1%	42.2%	25.7%
보수	32.5%	35.6%	31.9%
잘 모름	37.5%	25.0%	37.5%

(단위: %)

[그림 11] 사회적 대화 전후 한반도 체제에 대한 입장 변화: 응답자 특성별

이념 성향별로는 〈변동 없음〉 응답이 중도에서 25.7퍼센트로 보수나 진보보다 낮다는 점에서, 중도는 숙의 토의 전후 변동성이 큰 계층임을 알 수 있다.

숙의 토의 이후 평화와 통일에 대한 관심과 지식 모두 늘고, 10명 중 8명 이상이 통일국민협약이 필요하다고 생각해

일반적으로 공론화에 참여한 참가자들은 전혀 모르는 사람과도 대화가 가능하다는 것을 확인하고, 서로 다른 세대

와 이념 성향을 지닌 사람들 간에도 소통이 되는 체험을 하게 된다.

그뿐만 아니라, 정책에 대한 이해를 바탕으로 정책 과정에 능동적으로 참여하는 민주 시민으로 거듭나는 경험을 하게 된다. 이는 정책 당국 입장에서 공론화가 정책 추진의 주요한 동력을 확보하는 방편이기도 함을 의미한다.

이번 평화와 통일을 위한 사회적 대화 참가자 절대다수는 〈토론회에 참여하면서 평화·통일 문제에 대한 관심이 늘었다〉고 했으며, 〈토론회에 참여하면서 평화·통일 문제에 대한 지식이 늘었다〉고도 했다.[8]

실제로 평화·통일과 관련한 지식을 측정하기 위해 10개 문항을 구성하여 설문 조사를 통해 확인한 결과, 종합 대화 전에는 정답 수가 3.6개였는데, 종합 대화 후에는 6.4개였다.[9]

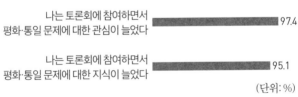

나는 토론회에 참여하면서 평화·통일 문제에 대한 관심이 늘었다 ▬▬▬▬▬▬97.4

나는 토론회에 참여하면서 평화·통일 문제에 대한 지식이 늘었다 ▬▬▬▬▬95.1

(단위: %)

[그림 12] 사회적 대화가 평화·통일에 대한 관심과 지식에 미친 영향

---

8   2019 권역 대화의 참석자 762명의 응답을 기준으로 한 결과이다.

또한 평화·통일 문제에 대한 관심과 지식이 증가한 것에 그치지 않고, 평화·통일 문제에 대해 보다 종합적이고 구체적으로 이해할 수 있었다는 참가자가 다수를 차지했다. 이에 따라 사고의 지평을 북한을 포함한 한반도 전역으로 넓히겠다고 각오를 다지는 참가자도 있었다.

> 다양한 연령대와 다양한 사람이 남녀 불문하고 모여서 토의를 하여 뜻깊은 시간이었고, 통일에 대해 한 걸음 더 다가갈 수 있는 시간이어서 뿌듯했습니다. (영남권, 여자, 20대)

> 이런 토론회는 많이 해볼수록 사람들이 트이겠다는 생각을 했어요. (충청권, 여자, 60세 이상)

> 몰랐던 것을 많이 알게 되었고, 통일에 대해 자세히 생각할 수 있는 기회가 됐어요. (충청권, 여자, 20대)

---

9   2019 종합 대화의 지식 측정 문항 중 일부는 일반 시민을 대상으로 지식을 측정하기 위한 용도로 적합하지 않고, 지나치게 협소하거나 타당성이 떨어진다는 지적을 한 전문가들이 있었다. 숙의 후에도 만점에 가까운 정답이 나오지 않은 이유라고 할 수 있다.

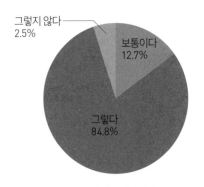

[그림 13] 통일국민협약이 더욱 필요하다고 생각했다

여기 와서 지평을 많이 넓게 되었습니다. 남에서 북까지 넓혀서 한반도 전체를 생각하는 그런 사람으로 거듭나야 된다는 생각을 하게 되었습니다. (충청권, 남자, 40대)

이로 인해, 종합 대화 이후 〈통일국민협약이 더욱 필요하다고 생각했다〉는 응답이 여론 조사의 만장일치 수준에 해당하는 84.8퍼센트에 달했다.

남북 관계에 대한 인식

대북 인도적 지원, 숙의 토의 후에 〈군사적 상황에 영향을 받는 것은 불가피하다〉는 입장과 〈무관하게 지속되어야 한다〉는 입장이 역전돼

인도적 지원과 군사 상황의 연계 여부에 대해 〈영향을 받는 것은 불가피하다〉는 응답은 5.28점에서 4.92점으로 하락한 반면, 〈무관하게 지속되어야 한다〉는 응답은 4.72점에서 5.08점으로 상승했다.[10] 큰 점수 차이는 없지만 숙의 토의 후에 〈영향을 받는 것은 불가피하다〉는 입장(4.92점)과 〈무관하게 지속되어야 한다〉는 입장(5.08점)이 역전된 점은 주목할 만하다.

숙의 토의 후에 공존과 공동체성이 발현되는 방향으로 입장이 강화되는 경향은 앞에서 언급한 다른 의제와 동일하다.

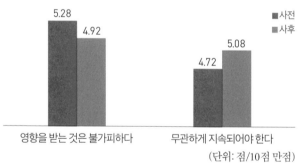

(단위: 점/10점 만점)

[그림 14] 대북 인도적 지원과 군사 상황 연계에 대한 입장: 전체

10   2019 권역 대화 중 〈대북 인도적 지원〉 의제 토론을 진행한 수도권, 충청권 참석자 392명의 응답을 기준으로 한 결과이다.

성별로 보면 남녀 간 변화의 폭은 별다른 차이가 없지만, 숙의 토의 후에 남자는 〈무관하게 지속되어야 한다〉는 응답(5.19점)이 〈영향을 받는 것은 불가피하다〉는 응답(4.81점)보다 높아 역전된 결과를 보였다. 반면에 여자는 숙의 토의 후의 변화에도 불구하고 두 입장이 팽팽한 양상(4.99점 대 5.01점)이다.

연령별로는 30대(1.43점)와 50대(0.62점)의 변화의 폭이 두드러질 정도로 컸으며, 이로 인해 두 연령대 모두 〈무관하게 지속되어야 한다〉는 응답이 〈영향을 받는 것은 불가피하다〉는 응답에 비해 1점 이상 높았다. 40대와 60세 이상은 숙의 토의 후에 〈영향을 받는 것은 불가피하다〉는 응답이 상승하여 다른 연령대와 역방향의 변화 양상을 보였다. 20대는 숙의 토의 후에 〈무관하게 지속되어야 한다〉는 응답이 0.30점 상승하여 상승 폭이 적지는 않았으나, 숙의 토의 전의 〈영향을 받는 것은 불가피하다〉는 응답(6.06점)이 가장 높았던 관계로 숙의 토의 후에도 관련 응답이 다른 연령대에 비해 높았다. 20대는 대북 인도적 지원은 상호주의 관점, 또는 20대가 가장 민감하게 반응하는 가치인 공정성 관점에서 추진되어야 한다는 입장이 강한 것으로 해석할 수 있는 대목이라고 하겠다.

이념 성향별로는 진보와 보수 간에 뚜렷한 차이를 보였는데, 진보 성향은 사회적 대화 후에 〈무관하게 지속되어야 한다〉는 응답이 0.70점이나 증가한 반면, 보수 성향은 〈영향을 받는 것은 불가피하다〉는 입장이 소폭(0.03점)이나마 상승한 점이 대조적이다. 보수 성향은 〈영향을 받는 것은 불가피하다〉는 응답이 사회적 대화 전후 모두 6.30점을 상회하여, 상호주의 입장이 강하다는 점을 확인할 수 있었다.

구분	영향을 받는 것은 불가피하다			무관하게 지속되어야 한다		
	사전	사후	사후-사전	사전	사후	사후-사전
전체	**5.28**	**4.92**	**-0.36**	**4.72**	**5.08**	**+0.36**
성별						
남자	5.17	4.81	-0.36	4.83	5.19	+0.36
여자	5.38	5.01	-0.37	4.62	4.99	+0.37
연령별						
19~29세	6.06	5.76	-0.30	3.94	4.24	+0.30
30대	5.50	4.07	-1.43	4.50	5.93	+1.43
40대	4.67	4.93	+0.26	5.33	5.07	-0.26
50대	5.08	4.46	-0.62	4.92	5.54	+0.62
60세 이상	5.20	5.37	+0.17	4.80	4.63	-0.17
이념 성향별						
진보	4.49	3.79	-0.70	5.51	6.21	+0.70
중도	5.46	5.20	-0.26	4.54	4.80	+0.26
보수	6.30	6.33	+0.03	3.70	3.67	-0.03
잘 모름	5.80	5.80	0.00	4.20	4.20	0.00

(단위: 점/10점 만점)

[표 4] 대북 인도적 지원과 군사 상황 연계에 대한 입장: 성별·연령별·이념 성향별

[그림 15] 대북 인도적 지원과 군사 상황 연계에 대한 입장의 변화 정도

대북 인도적 지원과 군사 상황 연계에 대한 입장은 숙의 토의 후에 4명 중 3명에 가까운 74.2퍼센트가 어떤 형태로든 변화를 보였다.

비핵화와 평화 체제를 동시에 병행해야 한다는 응답이 숙의 토의 전에도 높고, 후에도 상승해

한반도 평화 체제와 북한의 비핵화를 실현하려면 어떤 순서대로 추진해야 한다고 보는지를 확인한 결과,[11] 숙의 토의 전에는 〈평화 체제와 비핵화가 동시에 되어야 둘 다 가

---

11   2019 권역 대화 중 〈한반도 평화 체제와 비핵화〉 의제 토론을 진행한 호남권, 영남권 참석자 370명의 응답을 기준으로 한 결과이다.

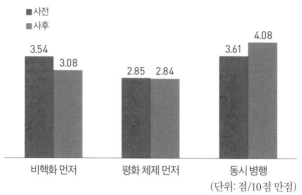

■ 사전
■ 사후

3.54
3.08

2.85　2.84

3.61
4.08

비핵화 먼저　　　　평화 체제 먼저　　　　동시 병행

(단위: 점/10점 만점)

[그림 16] 한반도 평화 체제와 비핵화 우선순위

능하다〉는 응답이 3.61점으로 가장 높고, 〈비핵화 먼저〉
(3.54점)라는 응답이 두 번째였으며, 〈평화 체제 먼저〉
(2.85점)라는 응답이 가장 낮았다. 숙의 토의 후에도 순위
는 바뀌지 않았지만, 〈동시 병행〉 응답이 상승(0.47점)한
반면, 〈비핵화 먼저〉 응답은 하락(-0.46점)했으며, 〈평화
체제 먼저〉라는 응답(2.84점)은 별다른 변화가 없었다.

　이는 비핵화의 필요성은 절감하지만, 남북 관계와 한반
도를 둘러싼 역학 관계상 비핵화를 선결 조건으로 내세우
는 것이 현실적이지 않다는 판단이 반영된 결과로 이해할
수 있고, 결국 〈동시 병행〉이 현실적인 대안이 될 수밖에 없
다는 판단으로 자연스럽게 귀결되었다고 할 것이다.

　〈비핵화 먼저〉라는 응답은 60세 이상(4.30점), 29세 이

2장 사회적 대화를 통해 본 우리 사회의 인식 지형

구분	비핵화 먼저			평화 체제 먼저			동시 병행		
	사전	사후	사후-사전	사전	사후	사후-사전	사전	사후	사후-사전
전체	**3.54**	**3.08**	**-0.46**	**2.85**	**2.84**	**-0.01**	**3.61**	**4.08**	**+0.47**
성별									
남자	3.56	3.19	-0.37	2.86	2.54	-0.32	3.58	4.27	+0.69
여자	3.53	2.99	-0.54	2.84	3.08	+0.24	3.63	3.93	+0.30
연령별									
19~29세	3.79	2.96	-0.83	2.81	2.67	-0.14	3.40	4.37	+0.97
30대	3.51	2.87	-0.64	2.42	2.61	+0.19	4.07	4.52	+0.45
40대	2.88	2.64	-0.24	3.03	2.96	-0.07	4.09	4.39	+0.30
50대	3.32	3.09	-0.23	3.18	3.16	-0.02	3.51	3.75	+0.24
60세 이상	4.30	3.88	-0.42	2.74	2.75	0.01	2.96	3.36	+0.40
이념 성향별									
진보	2.74	2.55	-0.19	3.12	3.05	-0.07	4.13	4.40	+0.27
중도	3.76	2.77	-0.99	2.82	2.92	+0.10	3.42	4.32	+0.90
보수	4.60	4.72	+0.12	2.40	2.33	-0.07	3.00	2.94	-0.06
잘 모름	4.67	4.33	-0.34	2.00	1.00	-1.00	3.33	4.67	+1.34

(단위: 점/10점 만점)

[표 5] 한반도 평화 체제와 비핵화 우선순위: 성별·연령별·이념 성향별

하(3.79점), 보수(4.60점)에서 상대적으로 높았으며, 〈평화 체제 먼저〉라는 응답은 40대(3.03점)와 50대(3.18점), 진보(3.12점)에서 상대적으로 높았고, 〈동시 병행〉은 30대(4.07점)와 40대(4.09점), 진보(4.13점)에서 높았다. 숙의 토의 후에는 〈동시 병행〉 응답이 보수층을 제외한 모든 계층에서 상승했으며, 의견 동의도의 경향성은 숙의 토의 전과 크게 다르지 않았다.

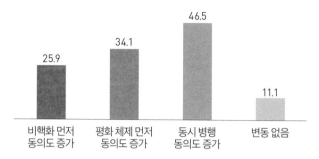

25.9 34.1 46.5 11.1

비핵화 먼저
동의도 증가

평화 체제 먼저
동의도 증가

동시 병행
동의도 증가

변동 없음

[그림 17] 한반도 평화 체제와 비핵화 우선순위 입장의 변화 정도

한반도 평화 체제와 비핵화 추진 우선순위에 대해 숙의 토의 전후로 90퍼센트에 가까운 시민 참여단[12](88.9퍼센트)이 입장을 바꾸었다. 평화와 통일을 위한 사회적 대화 토의 의제 중 가장 많은 사람이 입장을 변경했다. 해당 의제에 대해 평소 생각할 기회가 적었거나, 사전에 의제에 대한 이해가 잘못되었거나 충분하지 못해서 그랬을 수도 있다. 선택지가 세 개였다는 것이 변동에 더 영향을 주는 여

12   전국의 성인 남녀를 대표하도록 무작위적으로 엄정하게 선정했다. 사회적 대화의 숙의 과정에 참여하고 숙의 의제에 대한 의견을 피력하는 시민을 지칭한다. 〈신고리 5·6호기 공론화위원회〉 김지형 위원장은 공론화에 참여한 시민을 〈작은 대한민국〉이라 칭함으로써, 시민 참여단의 대표성과 책임감을 압축적으로 표현했다. 타 공론화와의 차별성을 부각하기 위해, 또는 공론화 주관 기관의 특성을 강조하기 위해 시민 참여단을 〈국민 참여단〉, 〈도민 참여단〉 등으로 지칭하기도 한다.

건이었다는 점도 고려 요인이다. 그렇다고 해도, 숙의 토의 전후로 10명 중 9명이 어떠한 형태로든 태도가 바뀌었다는 점에 주목할 필요가 있겠다.

수정해야 할 통념 ①: 남북 관계와 통일에 대한 생각은 고착되어 있다 → 남북 관계와 통일에 대한 인식도 사회적 대화를 통해 변화한다

2018/2019 사회적 대화를 시행한 결과에 따르면, 평화·통일 및 남북 관계와 관련한 우리 사회의 통념적 판단 또는 편견은 세대와 이념이 다른 사람과 질서 정연한 대화와 소통을 경험한 이후에는 전혀 다르게 이해될 소지가 많음을 알 수 있다.

우리 사회에는 남북 관계나 통일을 둘러싸고 진보와 보수, 젊은 세대와 나이 든 세대 간에 갈등(소위 〈남남 갈등〉)이 엄존하고 있다. 이와 관련한 갈등이 표면화되는 사건이 발생하고 있으며, 여론 조사 등을 통해 시민 스스로가 그렇게 생각하고 있음을 확인했기 때문이다. 2018/2019 사회적 대화에 참여한 참가자들은 남남 갈등이 존재하고 있음을 인정하지만, 그것이 고정된 실체는 아니며 대화와 소통을 통해 해소될 수 있는 무정형의 개념에 불과하다는 가능성을 보여 주었다. 90퍼센트 이상의 참가자들이 자신과 생각이 다른 사람을 이해하게 되었다고 했으며, 생각이 다른 시민들끼리 대화할 기회를 더 자주 갖기를 기대했다. 남남 갈등을 해소하는 첩경은 갈등 당사자들이 자주 만나 깊이 대화하는 것이라고 할 것이다.

남북 관계나 통일에 대한 인식은 역사성, 정치성, 보편성 등으로 인해 단기간에 변하지 않는 특성이 있다고 한다. 다른 일반적인 정책이나 사회 이슈에 비해 이념성에 기반한 남북 관계와 통일에 대한 인식은 상대적으로나마 변하지 않을 요소가 크다는 것이 상식적인 판단이다. 그런데 2018/2019 사회적 대화를 통해 숙의 토의 전후 결과를 확인해 보니, 평화·통일 및 남북 관계와 관련한 주요 이슈별로 참가자의 60퍼센트 이상이 숙의 토의 전에 비해 숙의 토의 후에 생각을 바꾸었다.[13] 심지어 입장이 조금이나마 바뀐 참가자가 90퍼센트에 육박하는 이슈도 있었다. 남북 관계나 통일에 대한 인식은 불변하거나, 상대적으로 고정성

---

13   참가자 개인 단위에서의 변화net change는 진보적 입장에서 보수적 입장 또는 그 역으로의 선회(旋回)뿐만 아니라, 입장의 강화나 약화 또는 유보로 변화하는 것까지를 포함하는 개념이다. 즉 숙의 토의 전과 입장이 동일하지 않은 모든 경우를 포괄하는 개념이다.

이 더 강하다는 판단도 편견일 수 있음을 확인했다.

우리 사회에는 이념이나 성향이 다른 사람끼리는 대화가 불가능하고, 대화를 시도할 경우 생산적인 논의를 기대할 수 없을 뿐만 아니라, 싸움으로 발전하지 않으면 다행이라는 통념이 존재한다. 진영 내 활동가 대화를 기획했던 2018 사회적 대화에서도 마찬가지 우려를 했었다. 그렇지만 일반 시민에 비해 진영 논리와 이념적 사고가 강하다고 할 수 있는 보수·중도·진보 활동가 간에도 대화와 소통이 가능했으며, 숙의 토의 이후 주요 이슈에 대한 입장이 의미 있게 변화하는 것을 확인할 수 있었다. 이로 인해 일반 시민뿐만 아니라 활동가들도 서로에 대한 이해의 폭을 넓혀 사유의 지평을 확대하기 위해서는 입장이 다른 활동가 간에 대화의 장이 필요하다는 것을 실감하는 계기가 되었다.

최근 이념과 세대 논의에서 최대 관심사는 20대의 보수화 경향이었다. 특히, 20대 남자는 다양한 정책과 이슈에서 60세 이상 고연령층과 유사한 이념 성향을 보이고 있는 것이 사실이다. 그렇다고 20대의 보수성과 60세 이상의 보수성을 등치하여 이해하는 것이 타당한가? 2018/2019 사회적 대화의 결과를 통해 그렇지 않다는 것을 확인할 수 있었다. 20대는 대북 인도적 지원 문제에 대해 상호주의 입

장(군사적 상황에 영향을 받는 것은 불가피하다)이 60세 이상보다 강했다. 숙의 토의 이후에 약간의 변화가 있었지만, 그래도 다른 연령대보다 상호주의 입장이 유독 강했다. 반면, 다른 이슈에서는 60세 이상보다 50대 이하 연령대와 유사한 입장을 취했다. 또한, 숙의 토의 이후 입장 변화의 폭이나 방향이 60세 이상보다 50대 이하에 근접하는 경향성을 보였다.

20대는 이전 세대와 비교가 되지 않을 정도로 치열한 경쟁 구도하에서 미래를 확신할 수 없는 팍팍한 삶을 살아가다 보니 〈생활 보수화〉된 측면이 있다. 이 점에서 〈이념 보수〉가 주류인 60세 이상과는 결을 달리하는 보수라고 할 수 있다. 20대가 인도적 지원에 대해 상호주의적 관점이 강한 것은 생활 보수로서 공정을 핵심 가치로 판단하는 성향이 반영된 것으로 이해할 수 있다.

2018/2019 평화와 통일을 위한 사회적 대화를 통해 확인할 수 있는 경향성으로 다음 두 가지를 꼽을 수 있겠다. 이는 통념적 판단과는 관련이 없다.

첫째, 이념성이 강한 사람보다 이념성이 약한 사람이 숙의 토의 이후 변화의 폭이 크다는 점이다. 이념 성향별로는 진보나 보수보다 중도에서 변화의 폭이 크고, 같은 진보나 보수 중에서도 극단에 위치하는 사람보다 중앙에 수렴하는 사람의 변화의 폭이 더 컸다. 이는 상식적으로 이해 가능한 결과라고 하겠다.

둘째, 숙의 토의 전과 후를 비교하면 거의 모든 이슈에서 숙의 토의 후에 공동체성을 지향하는 방향, 공존과 타협을 지향하는 방향, 극단보다는 조화를 지향하는 방향으로 변화했다는 점이다. 사회적 대화 시점의 정국 및 정부 성향과 관련이 있는 것일까? 그간 관련 이슈와 논의가 주로 보수 정부와 보수 진영에서 주도되어 일반 시민에게 경쟁과 대결 우위의 사고 체계가 형성되었으나, 근래 진보 정부하에서 다양한 정보를 접하고 숙의 토의를 진행하면서 균형점을 찾아가는 과정이 발현된 결과일까? 검토해 볼 사안이라고 할 것이다.

2018/2019 사회적 대화를 통해 확인할 수 있었던 분명한 사실은 시민은 균형 있는 정보를 접하고, 질서 정연한 토의와 숙의를 할 기회가 주어진다면 자신의 판단과 입장을 성찰하고, 타인의 입장과 주장을 이해하며 존중할 자세와 역량이 충분하다는 점이다.

누가 얼마나 왜 변화하고, 누가 변화하지 않았는가?

사회적 대화 전후에 변화가 큰 참가자들도 있었고, 상대적으로 변화가 적거나 없는 참가자들도 있었다. 이들은 누구이며, 변화의 동인은 무엇이고, 어떤 이유에서 변화의 정도에 차이를 보이는 것일까?

① 누가, 얼마나, 왜 변화했는가?

2018년과 2019년 상반기에 걸쳐 북한을 보는 시각, 한반도 평화·통일 체제, 대북 인도적 지원의 조건, 평화 체제와 비핵화 등 4개 의제에 대한 사회적 대화를 진행한바, 대화 전후 의제별 인식 변화의 양상은 다음 표와 같다.

의제		2018년	2019년
북한을 보는 시각	대결과 극복의 대상	3.12 → 2.87(전체) 3.47 → 3.04(시민) 2.66 → 2.44(활동가)	-
	존중과 협력의 대상	6.88 → 7.13(전체) 6.53 → 6.97(시민) 7.34 → 7.56(활동가)	-
한반도 평화·통일 체제	하나의 체제	5.12 → 4.60(전체) 5.35 → 4.51(시민) 4.94 → 4.16(활동가)	5.57 → 5.14(시민)
	두 체제 공존	4.79 → 5.40(전체) 4.65 → 5.49(시민) 5.06 → 5.84(활동가)	4.43 → 4.86(시민)

			5.28 → 4.92
인도적 지원의 조건	정치 군사적 조건부	-	5.28 → 4.92
	무관하게 지속	-	4.72 → 5.08
평화 체제와 비핵화	비핵화 먼저	-	3.54 → 3.08
	평화 체제가 우선	-	2.85 → 2.84
	동시에	-	3.61 → 4.08

(단위: 점/10점 만점)

[표 6] 2018/2019 사회적 대화 전후 의제별 인식 변화

한 체제로의 통합인지, 두 체제의 공존인지에 대해 토의한 결과 2018년 시민 참여단의 한 체제로의 통합에 대한 동의도 평균은 숙의 전 5.35점(두 체제 공존 동의도 평균은 4.65점)에서 숙의 후 4.51점으로 변화했다. 0.84점 하락한 것이다. 2018년 조사에서 남자는 숙의 토의 전에 비해 숙의 토의 후에 두 체제 공존이 0.77점 상승했으며, 여자는 0.91점 상승했다. 20대는 한 체제로의 통합 6.00점에서 4.41점으로 1.59점이 감소하여 변동 폭이 가장 컸다.

한편, 사전 사후 조금이라도 생각이 변화한 이들의 비율 면에서도 남자와 여자는 분명한 차이를 보였다. 남자는 75.8퍼센트가 생각이 변화했지만, 여자는 87.1퍼센트가 생각을 바꾸었다. 연령별로는 20대의 79.5퍼센트가 숙의 토의 전후에 생각이 바뀌었다.

구분		사례 수 (명)	북한을 보는 시각		한반도 미래상	
			동일	변동	동일	변동
시민 패널 전체		**(200)**	**29.5**	**70.5**	**18.5**	**81.5**
성별	남자	(99)	30.3	69.7	24.2	75.8
	여자	(101)	28.7	71.3	12.9	87.1
연령별	19~29세	(39)	25.6	74.4	20.5	79.5
	30대	(37)	21.6	78.4	18.9	81.1
	40대	(37)	37.8	62.2	21.6	78.4
	50대	(47)	34.0	66.0	21.3	78.7
	60세 이상	(40)	27.5	72.5	10.0	90.0
이념 성향별	진보	(74)	31.1	68.9	20.3	79.7
	중도	(91)	31.9	68.1	15.4	84.6
	보수	(35)	20.0	80.0	22.9	77.1
주관적 사회 계층	하위층	(27)	33.3	66.7	14.8	85.2
	중간층	(162)	29.0	71.0	17.9	82.1
	상위층	(11)	27.3	72.7	36.4	63.6

(단위: %)

[표 7] 의제별 생각의 변화 정도: 2018년

숙의 전후 입장의 변화 경험, 여자와 20대에 많아

2019년에는 두 체제 공존 동의도가 사전 4.43점에서 4.86점으로 0.43점 상승했다. 응답자 특성별로 살펴보면, 남자는 4.25점에서 4.83으로 0.58점, 여자는 4.59점에서 4.88점으로 0.29점, 20대는 4.36점에서 4.97점으로 0.61점 상승했다. 하지만 이 경우에도 사전 사후 동일한 입장을 취한 남자는 36.3퍼센트(63.7퍼센트 변동)인 반면, 여자는 24.7퍼센트(75.3퍼센트 변동)로 여자가 남자에 비해 변동 비율이 높다. 20대는 21.2퍼센트(78.8퍼센트 변

구분	한반도 평화·통일 체제			평화 체제와 비핵화의 우선순위			대북 인도적 지원의 조건		
	사례수(명)	동일	변동	사례수(명)	동일	변동	사례수(명)	동일	변동
전체	**(762)**	**30.1**	**69.9**	**(370)**	**11.1**	**88.9**	**(392)**	**25.8**	**74.2**
권역별									
호남권	(180)	31.1	**68.9**	(180)	11.1	**88.9**			
충청권	(209)	30.1	**69.9**				(209)	31.1	**68.9**
영남권	(190)	26.8	**73.2**	(190)	11.1	**88.9**			
수도권	(183)	32.2	**67.8**				(183)	19.7	**80.3**
성별									
남자	(353)	36.3	**63.7**	(166)	13.9	**86.1**	(187)	30.5	**69.5**
여자	(409)	24.7	**75.3**	(204)	8.8	**91.2**	(205)	21.5	**78.5**
연령별									
20대	(146)	21.2	**78.8**	(75)	8.0	**92.0**	(71)	18.3	**81.7**
30대	(141)	24.1	**75.9**	(71)	9.9	**90.1**	(70)	25.7	**74.3**
40대	(151)	37.1	**62.9**	(76)	13.2	**86.8**	(75)	21.3	**78.7**
50대	(168)	35.7	**64.3**	(79)	11.4	**88.6**	(89)	31.5	**68.5**
60세 이상	(156)	30.8	**69.2**	(69)	13.0	**87.0**	(87)	29.9	**70.1**

(단위: %)

[표 8] 의제별 생각의 변화 정도: 2019년

동)만 동일한 입장을 유지해 세대 중 변화가 가장 컸다.

그 밖에 북한을 보는 시각, 대북 인도적 지원의 조건, 평화 체제와 비핵화의 우선순위 등에 대한 숙의에서도 여자와 20대의 특징을 확인할 수 있다. 모든 숙의 의제에서 남자보다는 여자가 생각의 변화가 많고, 20대도 다른 연령대에 비해 변화의 폭이 큰 경향을 보인다.

여자, 대체로 진취적·포용적

다만, 이런 변화가 여자와 20대가 남자나 다른 연령대에 비해 남북 관계 개선이나 대북 포용에 결과적으로 더 적극적이라는 사실을 의미하는 것은 아니다. 여자들은 남북 관계의 원칙적 방향에서는 대체로 진취적이고 포용적인 입장을 취했다. 반면, 청년 세대는 남북 관계 원칙과 현안 모두에서 대체로 보수적이거나 신중한 태도를 취했다.

여자의 경우 북한에 대한 존중과 협력, 두 체제의 공존을 선택한 빈도가 남자보다 높았다. 사전 조사에서도 남자보다 높은 지지를 보이고, 사후에도 존중·협력 방향으로 큰 변화를 보였다. 평화 체제와 비핵화의 관계에 대해서도 평화 체제가 먼저 실현되어야 비핵화가 가능하다고 답한 비율이 사전, 사후 모두 남자보다 여자가 높았다.

구분	대결과 극복			존중과 협력		
	사전	사후	사후-사전	사전	사후	사후-사전
전체	**3.47**	**3.04**	**-0.44**	**6.53**	**6.97**	**+0.44**
성별						
남자	3.53	3.19	-0.34	6.47	6.81	+0.34
여자	3.42	2.88	-0.54	6.58	7.12	+0.54

(단위: 점/10점 만점)

[표 9] 2018년 북한을 보는 시각: 성별

구분		한 체제 통합			두 체제 공존		
		사전	사후	사후-사전	사전	사후	사후-사전
2018	전체	5.35	4.51	-0.84	4.65	5.49	+0.84
	성별						
	남자	5.62	4.85	-0.77	4.38	5.15	+0.77
	여자	5.09	4.18	-0.91	4.91	5.82	+0.91
2019	전체	5.57	5.14	-0.43	4.43	4.86	+0.43
	성별						
	남자	5.75	5.17	-0.58	4.25	4.83	+0.58
	여자	5.41	5.12	-0.29	4.59	4.88	+0.29

(단위: 점/10점 만점)

[표 10] 2018·2019년 한반도 평화·통일 체제: 성별

구분	비핵화 먼저			평화 체제 먼저			동시 병행		
	사전	사후	사후-사전	사전	사후	사후-사전	사전	사후	사후-사전
전체	3.54	3.08	-0.46	2.85	2.84	-0.01	3.61	4.08	+0.47
성별									
남자	3.56	3.19	-0.37	2.86	2.54	-0.32	3.58	4.27	+0.69
여자	3.53	2.99	-0.54	2.84	3.08	+0.24	3.63	3.93	+0.30

(단위: 점/10점 만점)

[표 11] 2019년 평화 체제와 비핵화의 우선순위: 성별

숙의 대상 의제 외에 설문지를 통해 조사한 다른 의제들에 대한 사전, 사후 인식도 유사한 패턴을 보였다. 예를 들어 통일 교육에서 더욱 강조되어야 할 가치로 자유민주주의적 가치와 건전한 안보관보다 상대 체제에 대한 존중과 갈등의 평화적 해결을, 평화와 통일을 위해 더 강화되어야

할 국제 관계로 한미 동맹보다 균형 외교를, 한반도 평화와
통일을 위해 가장 필요한 역량으로 군사적 역량 외에 외교
적·민주적 역량을 선택한 비율은 남자보다 여자가 높았다.

구분		자유민주주의적 가치와 안보관			상대 체제 존중과 갈등 해결		
		사전	사후	사후-사전	사전	사후	사후-사전
2018	전체	4.79	3.91	-0.88	5.22	6.10	+0.88
	성별						
	남자	5.14	4.23	-0.91	4.86	5.77	+0.91
	여자	4.44	3.58	-0.86	5.56	6.42	+0.86
2019	전체	4.80	4.33	-0.47	5.20	5.67	+0.47
	성별						
	남자	4.82	4.49	-0.33	5.18	5.51	+0.33
	여자	4.78	4.20	-0.58	5.22	5.80	+0.58

(단위: 점/10점 만점)

[표 12] 2018·2019년 통일 교육의 강조점: 성별

구분		한미 동맹 강화			균형 외교 강화		
		사전	사후	사후-사전	사전	사후	사후-사전
2018	전체	3.92	3.74	-0.19	6.08	6.27	+0.19
	성별						
	남자	4.05	3.91	-0.14	5.95	6.09	+0.14
	여자	3.79	3.56	-0.23	6.21	6.44	+0.23
2019	전체	4.39	4.15	-0.24	5.61	5.85	+0.24
	성별						
	남자	4.71	4.58	-0.13	5.29	5.42	+0.13
	여자	4.11	3.78	-0.33	5.89	6.22	+0.33

(단위: 점/10점 만점)

[표 13] 2018·2019년 평화·통일을 위한 국제 관계: 성별

지금까지 남북 관계에 대한 해석과 발언은 주로 남성 전문가에 의해서 독점되어 오다시피 했다는 점에서 이 차이는 시사하는 바가 크다. 여자들이 보다 많은 대표성을 가지고 외교 안보 분야 정책 결정이나 남북 대화에 참여할 경우, 정책 선택도 달라질 가능성이 있기 때문이다. 국제연합(UN) 안전보장이사회에서 지난 2000년에 통과된 최초의 여성에 관한 결의문인 「여성·평화·안보에 대한 UN 안전보장이사회 결의 1325호」(2000. 10. 31.)는 무력 분쟁으로 인해 불리한 상황에 처한 이의 대다수가 민간인들, 특히 여성과 아동들이므로 평화·안전·안보와 관련된 정책 결정 집행에 여성들이 동등하게 참여하도록 하고, 그 모든 단계에서 여성 대표를 증원할 것을 회원국에 촉구하고 있다.

이와 관련하여 남북 교류 협력 과정에서 남녀의 동등한 기회 보장을 필수적으로 고려해야 한다고 생각하느냐는 설문에 대한 시민들의 입장도 관심 있게 볼 만하다. 필수 요건이 되어야 한다고 답한 비율이 여자는 사전 평균 6.77점(필수 요건이 될 수 없다는 3.23점), 사후 6.82점에 이르는 반면, 남자는 사전 5.56점, 사후 5.46점으로 차이를 보인다. 사후 설문 평균이 6.19점 대 3.81점으로 필수 요건이 되어야 한다는 응답 값이 높은 가운데, 남자는 여자와

구분		군사 역량			경제 역량			외교 역량			민주 역량		
		사전	사후	사후-사전	사전	사후	사후-사전	사전	사후	사후-사전	사전	사후	사후-사전
2018	**전체**	**1.71**	**1.73**	**+0.02**	**3.48**	**3.50**	**+0.02**	**2.76**	**2.77**	**+0.01**	**2.06**	**2.01**	**-0.05**
	성별 남자	1.82	1.84	+0.02	3.37	3.45	+0.08	2.80	2.82	+0.02	2.01	1.89	-0.12
	여자	1.60	1.61	+0.01	3.57	3.54	-0.03	2.71	2.71	-	2.11	2.13	+0.02
2019	**전체**	**1.96**	**1.81**	**-0.15**	**3.01**	**3.04**	**0.03**	**2.87**	**2.95**	**+0.08**	**2.16**	**2.20**	**+0.05**
	성별 남자	2.07	1.90	-0.17	3.11	3.12	+0.01	2.83	2.94	+0.11	1.99	2.04	+0.05
	여자	1.86	1.73	-0.13	2.93	2.97	+0.04	2.90	2.96	+0.06	2.30	2.35	+0.05

(단위: 점/10점 만점)

[표 14] 2018-2019년 평화·통일을 위해 가장 필요한 역량: 성별

구분	필수 요건이어야 한다			필수 요건이 될 수 없다		
	사전	사후	사후-사전	사전	사후	사후-사전
전체	**6.21**	**6.19**	**-0.02**	**3.79**	**3.81**	**+0.02**
성별						
남자	5.56	5.46	-0.10	4.44	4.54	+0.10
여자	6.77	6.82	+0.05	3.23	3.18	-0.05

(단위: 점/10점 만점)

[표 15] 2019년 남북 교류 협력과 남녀 기회 균등: 성별

달리 사후 필수 요건이 될 수 없다는 방향으로 경미하게 역진(4.44점⇒4.54점)한 것도 눈에 띈다.

대북 지원에 대해서는 여자와 청년 모두 소극적

다만, 여자는 인도적 지원의 조건에 대해서는 소극적이고 보수적인 입장을 취했다. 사전 조사에서도 조건 없이 지원할 수 있다고 응답한 비율이 남자보다 낮았고, 사후에도 마찬가지였다. 숙의 대상 의제 외에 설문지를 통해 조사한 개성 공단 재개 시점 등 대북 지원이나 경제 협력과 관련된 현안에 대해서는 같은 경향을 보였다. 2018년, 2019년 두 해 동안 진행된 여러 번의 사회적 대화와 설문에서 이 경향은 일관되게 나타났다.

2019년 하반기 대북 인도적 지원 관련 합의 도출 토의 결과는 이 사안에 대한 여자들의 태도를 압축적으로 보여 준

2장 사회적 대화를 통해 본 우리 사회의 인식 지형

(단위: 점/10점 만점)

구분		사례 수 (명)	북한은 인도적 지원이 필요한 상태에 있다		대북 지원은 북한 주민의 인도적 문제 해결에 도움		남북의 대북 지원은 남북 관계 개선 기여		북한 주민 상황은 북한 당국에 주된 책임		대한민국은 북한 인도적 문제 해결에 노력해야		대한민국은 국제 사회 보다 대북 지원에 더 책임감 가져야		대한민국은 타 국가 지원보다 대북 지원에 더 책임감 가져야	
			사전	사후	사전	사후	사전	사후	사전	사후	사전	사후	사전	사후	사전	사후
전체		(158)	5.77	6.24	5.08	5.70	4.90	5.53	5.94	6.04	5.31	5.84	5.30	5.77	5.25	5.81
성별	남자	(77)	5.87	6.36	5.29	5.81	4.96	5.61	6.23	6.25	5.39	5.97	5.48	5.96	5.34	5.96
	여자	(81)	5.67	6.12	4.89	5.60	4.84	5.44	5.65	5.84	5.23	5.70	5.12	5.58	5.17	5.67
연령별	20대	(31)	5.58	6.10	4.58	5.35	4.13	4.94	6.29	6.16	4.61	5.42	4.45	5.16	4.55	5.06
	30대	(31)	5.77	6.23	4.77	5.65	4.74	5.52	5.97	6.03	5.03	5.71	5.23	5.87	5.16	5.94
	40대	(27)	5.96	6.41	5.48	5.93	5.48	5.89	6.00	5.96	5.59	6.00	5.63	5.96	5.70	6.11
	50대	(33)	6.00	6.42	5.39	5.85	4.88	5.64	5.91	6.06	5.82	6.15	5.76	6.09	5.55	6.21
	60세 이상	(36)	5.56	6.08	5.19	5.75	5.28	5.67	5.58	5.97	5.47	5.89	5.42	5.75	5.33	5.75

[표 16-1] 대북 인도적 지원 관련 숙의 전후 인식 1

(단위: 점/10점 만점)

구분		사례 수 (명)	정치 군사적 상황을 고려하지 말고 지원해야		인도적 지원 여부를 대북 제재 수단으로 사용할 수 있다		지원 물자 전달 과정 투명성 확보가 전제되어야		북한이 정치적 이유로 거부해도 지원 노력 지속해야		직접 지원 불가능하면 국제기구 통해 지원	
			사전	사후	사전	사후	사전	사후	사전	사후	사전	사후
전체		(158)	4.22	4.70	3.92	3.65	6.04	6.17	4.42	5.11	5.16	5.67
성별	남자	(77)	4.16	4.90	3.60	3.43	5.84	6.06	4.32	5.26	5.13	5.75
	여자	(81)	4.28	4.52	4.22	3.85	6.23	6.27	4.51	4.96	5.19	5.59
연령별	20대	(31)	3.29	3.65	4.23	3.97	6.58	6.45	3.77	4.52	5.00	5.29
	30대	(31)	4.32	4.71	4.13	3.61	5.87	6.00	4.39	5.13	5.10	5.58
	40대	(27)	4.44	4.74	3.63	3.26	6.11	6.41	4.81	5.15	5.41	5.85
	50대	(33)	4.67	5.33	3.70	3.21	5.76	6.03	4.73	5.48	5.36	5.85
	60세 이상	(36)	4.36	5.00	3.89	4.08	5.94	6.03	4.42	5.22	4.97	5.78

[표 16-2] 대북 인도적 지원 관련 숙의 전후 인식 2

구분		사례 수 (명)	민간 단체의 인도적 지원은 정부의 대북 지원과 관계없이 독립성을 가지고 지속돼야		당국 지원 여부와 무관하게 정부는 민간의 지원 활동을 지속적으로 보장·지원해야		정부의 대북 지원 원칙은 국제 사회의 지원 원칙과 동일하게 적용돼야	
			사전	사후	사전	사후	사전	사후
전체		(158)	5.04	5.57	4.97	5.51	5.02	5.13
성별	남자	(77)	4.96	5.64	4.95	5.64	5.10	5.10
	여자	(81)	5.12	5.51	4.99	5.38	4.94	5.15
연령별	20대	(31)	4.58	5.03	4.35	5.06	5.35	4.97
	30대	(31)	5.00	5.77	4.84	5.58	4.94	5.03
	40대	(27)	5.41	5.59	5.33	5.37	4.96	4.85
	50대	(33)	5.55	5.91	5.45	5.91	4.76	5.27
	60세 이상	(36)	4.75	5.53	4.89	5.56	5.08	5.42

(단위: 점/10점 만점)

[표 16-3] 대북 인도적 지원 관련 숙의 전후 인식 3

다. 대북 인도적 지원에 대해 합의문을 작성하기 위한 숙의와 별도로 숙의 사전과 사후에 15개 심층 질문을 추가로 확인한 결과, 세대와 성별을 넘어 모든 시민 참여단에서 입장의 변동 폭이 컸으며, 대체로 북한에 대한 인도적 지원을 적극적으로 모색하되 투명성을 강화해야 한다는 입장이 상승했다. 그런데 여자는 숙의 전후 같은 방향으로 변화했지만, 변동 폭과 변동 방향은 평균에 비해 크지 않았고, 평균적인 이동 방향에 비해 신중하고 보수적인 경향을 보여 주었다. 유독 인도적 지원 의제에서는 여자가 20대 다음으로 가장 소극적인 입장을 취하고 있다. 심지어 전반적으로 60세 이상 세대보다도 더 소극적인 입장을 보여 눈길을 끈다.

여자가 장기적 원칙이나 방향에서는 진취적이고 포용적인 입장을, 대북 지원 현안에 대해서는 소극적이고 현실주의적인 입장을 취하는 것이 지속적이고 일반적인 경향인지, 아니면 국면적인 것인지 관심을 두고 지켜볼 필요가 있다.

20대, 보수적·소극적

여자와는 달리 20대는 일관되게 매 의제에 대해 현실주의적이거나 보수적인 입장을 취하고 있다. 20대는 현상적으

구분		한 체제 통합			두 체제 공존		
		사전	사후	사후-사전	사전	사후	사후-사전
2018	**전체**	**5.35**	**4.51**	**-0.84**	**4.65**	**5.49**	**+0.84**
	연령별 19~29세	6.00	4.41	-1.59	4.00	5.59	+1.59
	30대	5.89	4.05	-1.84	4.11	5.95	+1.84
	40대	4.51	4.24	-0.27	5.49	5.76	+0.27
	50대	5.19	5.23	+0.04	4.81	4.77	-0.04
	60세 이상	5.18	4.43	-0.75	4.83	5.58	+0.75
2019	**전체**	**5.57**	**5.14**	**-0.43**	**4.43**	**4.86**	**+0.43**
	연령별 19~29세	5.64	5.03	-0.61	4.36	4.97	+0.61
	30대	5.43	4.93	-0.50	4.57	5.07	+0.50
	40대	5.70	4.89	-0.81	4.30	5.11	+0.81
	50대	5.64	5.26	-0.38	4.36	4.74	+0.38
	60세 이상	5.42	5.55	+0.13	4.58	4.45	-0.13

(단위: 점/10점 만점)

[표 17] 2018·2019년 한반도 평화·통일 체제: 연령별

로 60세 이상 세대와 비슷한 비율을 유지하고 있다. 하지만 숙의 결과는 청년 세대가 통일을 원하지 않는다는 일반적인 생각에 대해서도 다각도로 재검토해 볼 필요성을 제기했다.

20대는 2018년, 2019년 숙의 토론에서 다른 세대보다 더 분명하게 두 체제의 공존보다 한 체제로의 통합을 선호했다. 숙의 결과 두 체제 공존으로의 이동 폭은 컸지만, 사

후 조사 결과에서도 두 체제 공존을 선택한 다른 세대의 평균값을 밑돌았다.

이 결과는 청년 세대가 다른 세대에 비해 분단된 현 상태의 유지를 선호하거나 남북 관계를 별개의 두 국가로 이해하는 경향이 많다는 통념과 부합하지 않는다. 그렇다고 이 결과를 두고 청년 세대가 다른 세대보다 통일에 더 적극적이라는 것으로 해석하는 데에도 무리가 있다. 북한 체제에 대한 거부감이나 이질감을 표시한 것으로 볼 수도 있기 때문이다. 어쨌든 숙의 결과는 청년 세대에 대해 통일을 원한다/그렇지 않다는 식으로 규정할 경우, 청년 세대의 실제 의식의 흐름이나 관심사를 제대로 포착하기 어려울 수 있음을 보여 준다.

20대는 다른 현안에 대해서도 자기 세대에게 미치는 영향을 꼼꼼히 따지는 현실주의적인 태도를 취하고 있다. 숙의 결과는 이들이 한반도 문제에 무관심하다는 통념과는 다른 모습을 보여 준다. 숙의 전후 한반도 문제 해결의 중요성에 대한 인식이나 관심이 큰 폭으로 증가했다.

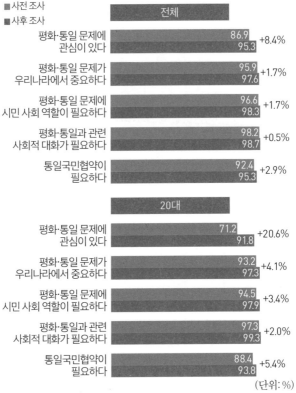

■ 사전 조사
■ 사후 조사

전체

평화·통일 문제에
관심이 있다 · 86.9 / 95.3 · +8.4%

평화·통일 문제가
우리나라에서 중요하다 · 95.9 / 97.6 · +1.7%

평화·통일 문제에
시민 사회 역할이 필요하다 · 96.6 / 98.3 · +1.7%

평화·통일과 관련
사회적 대화가 필요하다 · 98.2 / 98.7 · +0.5%

통일국민협약이
필요하다 · 92.4 / 95.3 · +2.9%

20대

평화·통일 문제에
관심이 있다 · 71.2 / 91.8 · +20.6%

평화·통일 문제가
우리나라에서 중요하다 · 93.2 / 97.3 · +4.1%

평화·통일 문제에
시민 사회 역할이 필요하다 · 94.5 / 97.9 · +3.4%

평화·통일과 관련
사회적 대화가 필요하다 · 97.3 / 99.3 · +2.0%

통일국민협약이
필요하다 · 88.4 / 93.8 · +5.4%

(단위: %)

[그림 18] 통일 관련 인식 비교: 전체 시민 참여단과 20대

지금까지 청년 세대가 한반도 문제에 대해 무관심한 층
으로 이해되었고, 실제로도 어느 정도 그런 모습을 보였던
것은 관련된 질문이 〈통일을 원하냐, 아니냐〉는 식으로 피
상적으로 제시되었기 때문일 수 있다. 더욱이 일반적으로

알려진 대로 20대 남자와 여자 간의 생각 차가 매우 커서 이 둘을 하나의 청년 세대로 일반화하기 어렵고, 보수와 진보로 구분하기도 어려운 수준이다. 청년 세대의 특징을 피상적으로 일반화하기보다 다양한 내용과 방식의 토론 공간을 마련하면, 청년 세대는 매우 적극적으로 참여할 가능성이 다분하다.

여자와 20대, 숙의 후 평화·통일에 대한 관심도 대폭 상승

사회적 대화 전후에 평화·통일 문제, 사회적 대화, 통일국민협약 등에 대한 참여자들의 전반적인 관심도나 중요성에 대한 인식이 상승했다. 관련 응답은 숙의 토의 전에도 90퍼센트 내외여서 절대적으로 높은 수준이기는 했다. 하지만 그중에서도 특히 여자와 20대는 사전 조사에서 남자와 다른 세대에 비해 관심도가 상대적으로 낮았고, 사후 관심도의 변화가 다른 사회 계층에 비해 두드러졌다.

20대는 2018년에 평화·통일 문제에 대해 관심이 있다는 응답이 숙의 토의 전에는 82.1퍼센트였으나, 숙의 토의 후에는 100퍼센트였고, 2019년에는 관련 응답이 숙의 토의 전에는 71.2퍼센트, 후에는 91.8퍼센트로 대폭 상승했다. 두 조사 결과는 모두 당해 연도 평균치(2018년 평균 14퍼센트 상승, 2019년 8.4퍼센트 상승)를 크게 웃돈다. 여자 역시 2018년 사전 조사에서 80.2퍼센트로 평균 미만의 낮은 관심도를 보였지만 사후에 100퍼센트로 큰 폭으로 상승했고, 2019년에도 85.3퍼센트에서 95.6퍼센트로 큰 폭으로 상승했다. 역시 당해 연도 평균치를 크게 넘어선다.

숙의 이후 이들의 평화·통일 문제에 대한 관심이 평균보다 크게 높아졌다는 점에서, 이들에게 어떤 논의의 공간과 기회가 주어지느냐에 따라 무관심층이 아니라 적극적인 발언층으로 바뀔 수 있음을 보여 준다. 또한 현재 이들이 보여 주는 입장도 공론장에서 변화해 나갈 가능성이 높을 것으로 조심스럽게 예측해 볼 수 있다.

② 누가 변하지 않는가?

2018/2019 사회적 대화는 숙의 토의에도 불구하고 생각이 잘 변화하지 않고 합의 가능성을 낮추는 사람이 누구인가를 확인할 수 있는 흥미로운 결과를 포함하고 있다.

사회적 대화에 참여함에도 불구하고 의견 변화 및 합의 가능성이 낮을 것으로 추정할 수 있는 경로로 다음 두 가지를 생각할 수 있을 것이다. 먼저, 각 주장이나 의견에 대해 입장이 변하지 않는 경우(예: 사전 4 : 6, 사후 4 : 6)를 고려할 수 있고, 각 의제에 대한 입장이 극단적으로 치우친 경우(예: 사전 조사를 기준으로 10:0 혹은 0:10)도 가정할 수 있겠다.[14]

2018년 숙의 토의 의제는 북한을 보는 시각과 한반도(체제)의 미래상이었다. 2018년 대화는 2019년 일반 국민을 대상으로 한 권역별 대화와 달리 일반 국민 외 미래 세대 대화, 진영 대화도 병행했다. 층화 표본 추출 방식으로 선정

14   2018년과 2019년에 권역별로 진행된 사회적 대화에서 사전, 사후 의견 조사 방식은 아래 그림과 같이 제시된 각 쟁점에 대해 동의도를 배분하는 방식으로 이루어졌다. 제시된 보기 중 하나를 선택하도록 하는 통상적인 조사 방식과는 다른 방법이다. 쟁점 중 하나의 입장을 선택하도록 한 것이 아니라 각 쟁점에 대해 10점을 나누어 배분하는 방식으로 응답하도록 했다. 예를 들어 〈북한은 공존의 대상이냐, 극복의 대상이냐〉라는 질문이 주어졌다면, 참가자는 공존1:극복9 혹은 공존6:극복4 등으로 자신의 마음을 비율로 표시할 수 있고, 그 비율의 변화로 자신의 생각의 변화도 표현할 수 있도록 했다.

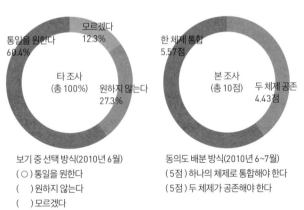

보기 중 선택 방식(2010년 6월)
(○) 통일을 원한다
(   ) 원하지 않는다
(   ) 모르겠다

동의도 배분 방식(2010년 6~7월)
(5점) 하나의 체제로 통합해야 한다
(5점) 두 체제가 공존해야 한다

된 시민 패널 200명, 보수·중도·진보 시민 사회단체가 각각 추천한 활동가 패널(〈진영 패널〉) 199명, 고등학생과 만 24세까지의 수도권 청년·청소년 중에서 선정한 미래 세대 패널 76명이 참여했다.

2019년에는 층화 표본 추출 방식으로 모집된 시민 패널 762명이 대화에 참여했다. 전국 4개 권역에서 공통으로 한반도(체제)의 미래상에 관해 토의하고, 평화 체제와 비핵화의 우선순위에 대해서는 영남권·호남권에서, 대북 인도적 지원의 조건에 대해서는 수도권·충청권에서 각각 토의했다.

입장 불변층은 남자, 고연령층, 중도 제외층에 많아

2019년 사회적 대화에서 세 가지 의제를 다루었는데, 숙의 토의 전후 입장이 전혀 변하지 않은 응답자(이하 〈입장 불변층〉이라 함) 비율은 10~30퍼센트 정도였다. 이들 입장 불변층에는 여자보다는 남자, 저연령층보다는 고연령층이 다수를 차지했다.

특히 시민 참여단은 전국 공통 의제인 한반도 평화·통일 체제를 포함한 총 2개의 의제 토론에 참여했는데, 시민 참여단이 참여한 2개의 의제 모두에서 입장 변화를 보이지 않은 비율은 7.6퍼센트였다. 성별로는 여자보다 남자가, 연령별로는 40대 이상 고연령이, 이념 성향별로는 진보층과 보수층 등이 상대적으로 입장 변화를 보이지 않았다.

구분	한반도 평화·통일 체제			평화 체제와 비핵화의 우선순위			대북 인도적 지원의 조건		
	사례 수(명)	동일	변동	사례 수(명)	동일	변동	사례 수(명)	동일	변동
전체	**(762)**	**30.1**	**69.9**	**(370)**	**11.1**	**88.9**	**(392)**	**25.8**	**74.2**
성별									
남자	(353)	**36.3**	63.7	(166)	**13.9**	86.1	(187)	**30.5**	69.5
여자	(409)	24.7	75.3	(204)	8.8	91.2	(205)	21.5	78.5
연령별									
20대	(146)	21.2	78.8	(75)	8.0	92.0	(71)	18.3	81.7
30대	(141)	24.1	75.9	(71)	9.9	90.1	(70)	25.7	74.3
40대	(151)	**37.1**	62.9	(76)	**13.2**	86.8	(75)	21.3	78.7
50대	(168)	**35.7**	64.3	(79)	11.4	88.6	(89)	**31.5**	68.5
60세 이상	(156)	30.8	69.2	(69)	**13.0**	87.0	(87)	**29.9**	70.1
이념 성향별									
진보	(295)	**33.2**	66.8	(141)	10.6	89.4	(154)	22.7	77.3
중도	(296)	25.7	74.3	(154)	9.7	90.3	(142)	24.6	75.4
보수	(163)	31.9	68.1	(72)	**15.3**	84.7	(91)	**31.9**	68.1
모름/ 무응답	(8)	37.5	62.5	(3)	0.0	100.0	(5)	40.0	60.0

(단위: %)

[표 18] 숙의 토의 전후의 입장 변동 여부

구분	사례 수(명)	동일	하나라도 변동
전체	**(762)**	**7.6**	**92.4**
성별			
남자	(353)	**8.5**	91.5
여자	(409)	6.8	93.2

연령별			
20대	(146)	4.1	95.9
30대	(141)	7.1	92.9
40대	(151)	**10.6**	89.4
50대	(168)	8.3	91.7
60세 이상	(156)	7.7	92.3
이념 성향별			
진보	(295)	7.8	92.2
중도	(296)	6.1	93.9
보수	(163)	**9.8**	90.2
모름/ 무응답	(8)	12.5	87.5

(단위: %)

[표 19] 2개 이상 의제에서 입장 불변층[15]

추상적 의제는 보수에, 현안에는 중도에 입장 불변층이 많아

2개 의제 모두에서 입장 변화를 보이지 않은 시민 참여단 응답자(n=58)의 응답 분포를 보면, 한반도 평화·통일 체제 의제에서는 〈한 체제로 통합해야 한다〉라는 진술에 10점을 준 극단 응답자 비율이 27.6퍼센트로 가장 많았다. 그러나 대북 인도적 지원의 조건에 대해서는 〈정치 군사적 조건에 영향을 받는 것은 불가피하다〉는 입장과 〈무관하게 지속되어야 한다〉는 입장에 유사 비율을 준 응답자(5-5, 6-4)가 가장 많은 비율(48.6퍼센트)을 차지했다. 추상적

15   사례 수가 크지 않다는 점에서 해석에 유의할 필요가 있다.

구분	한반도 평화·통일 체제 (한 체제-두 체제)		대북 인도적 지원의 조건 (영향을 받아-무관하게)	
	사례 수(명)	비율(%)	사례 수(명)	비율(%)
포인트	58	100.0	35	100.0
0-10	2	3.4	1	2.9
1-9	5	8.6	3	8.6
2-8	6	10.3	2	5.7
3-7	6	10.3	3	8.6
4-6	6	10.3	1	2.9
5-5	4	6.9	9	25.7
6-4	5	8.6	8	22.9
7-3	5	8.6	0	0.0
8-2	1	1.7	4	11.4
9-1	2	3.4	0	0.0
10-0	16	27.6	4	11.4

[표 20] 입장 불변층의 응답 분포[16]

이슈에 대해서는 입장 불변층이 주로 보수적 극단 의견에 집중되는 반면, 인도적 지원 등 남북 간 현안에 대해서는 입장 불변층이 주로 중간에 집중되는 경향을 보여 주는 것으로 해석된다.

한편, 숙의 전 사전 응답을 기준으로 한쪽에 치우친 응답(0에서 10점 척도 중 0점이나 1점, 9점이나 10점을 부여한 응답)을 한 응답자를 극단 응답자라고 정의할 경우, 극

---

16 평화 체제와 비핵화의 우선순위 의제는 질문 방식이 상이하여 비교 분석하지 않았다.

단 응답층은 의제별로 상이한 가운데 한반도 평화·통일 체제 25.4퍼센트(762명 중 194명), 대북 인도적 지원의 조건 17.3퍼센트(392명 중 68명) 등으로 나타났다.

극단 응답자이면서 입장 불변층은 상대적으로 남자, 고연령, 보수에 많아

한편, 이들 극단 응답자 중 입장 불변층 비율은 한반도 평화·통일 체제 38.1퍼센트, 대북 인도적 지원의 조건 39.7퍼센트 등 두 의제에서 40.0퍼센트에 육박했다. 이는 전체 응답자 중 입장 불변층 비율(한반도 평화·통일 체제 30.1퍼센트, 대북 인도적 지원의 조건 25.8퍼센트)에 비해 다소 높은 수치다. 극단 응답자이면서 입장 불변층인 참가자는 여자보다는 남자에, 저연령층보다는 고연령층에, 진보보다는 보수에 상대적으로 더 많은 것으로 나타났다.[17] 그러나 극단 응답자 중 입장 불변층 수가 적기 때문에, 극단 응답자이면서 입장 불변층이 전체 결과에 미치는 영향

---

17 극단 응답자이자 입장 불변층이 상대적으로 많은 보수적인 남자, 고연령층을 이후 사회적 합의 과정이나 통일국민협약에서 어떻게 통합해 나갈 것인가가 과제라고 하겠다.

구분 (사전 조사 기준)	한반도 평화·통일 체제			대북 인도적 지원의 조건		
	사례 수 (명)	한 체제 9~10점	두 체제 9~10점	사례 수 (명)	영향 받아 9~10점	무관 하게 9~10점
전체	**(762)**	**17.3**	**8.1**	**(392)**	**10.2**	**7.1**
성별						
남자	(353)	21.8	8.8	(187)	13.4	10.7
여자	(409)	13.4	7.6	(205)	7.3	3.9
연령별						
20대	(146)	15.1	6.2	(71)	18.3	2.8
30대	(141)	21.3	9.9	(70)	8.6	5.7
40대	(151)	17.9	7.3	(75)	6.7	12.0
50대	(168)	19.6	7.1	(89)	9.0	9.0
60세 이상	(156)	12.8	10.3	(87)	9.2	5.7
이념 성향별						
진보	(295)	17.3	9.5	(154)	5.8	12.3
중도	(296)	14.9	6.8	(142)	12.0	4.9
보수	(163)	22.1	8.0	(91)	14.3	2.2
모름/무응답	(8)	12.5	12.5	(5)	20.0	0.0

(단위: %)

[표 21] 의제별 입장: 전체

구분	한반도 평화·통일 체제			대북 인도적 지원의 조건		
	사례 수 (명)	동일	변동	사례 수 (명)	동일	변동
전체	**(762)**	**30.1**	**69.9**	**(392)**	**25.8**	**74.2**
극단 의견층	**(194)**	**38.1**	**61.9**	**(68)**	**39.7**	**60.3**
성별						
남자	(108)	45.4	54.6	(45)	42.2	57.8
여자	(86)	29.1	70.9	(23)	34.8	65.2
연령별						
20대	(31)	25.8	74.2	(15)	33.3	66.7
30대	(44)	29.5	70.5	(10)	40.0	60.0
40대	(38)	47.4	52.6	(14)	28.6	71.4
50대	(45)	42.2	57.8	(16)	62.5	37.5
60세 이상	(36)	44.4	55.6	(13)	30.8	69.2

이념 성향별						
진보	(79)	38.0	62.0	(28)	50.0	50.0
중도	(64)	35.9	64.1	(24)	33.3	66.7
보수	(49)	42.9	57.1	(15)	33.3	66.7
모름/무응답	(2)	0.0	100.0	(1)	0.0	100.0

(단위: %)

[표 22] 의제별 입장: 극단 응답층

은 크지 않다.

한편, 양자택일형이 아니라 삼지선다형으로 물었던 〈평화 체제와 비핵화의 우선순위〉 관련 토의에서는 입장 불변층이 11.1퍼센트로 적었고, 극단 응답자도 3.0퍼센트에 불과했다. 이는 의제의 특성 때문이라기보다는 양자택일 이상 다수의 선택지가 제시되는 문항일수록 선호 전환 가능성이 높다고 이해하는 것이 타당할 것이다. 또한, 이는 쟁점의 선택지가 주어지지 않고 참가자가 토의를 통해 의제를 형성해 가는 개방형의 경우에는 극단 응답자나 입장 불변층이 더 줄어들 개연성도 있음을 시사한다고 하겠다.

합의 모형에서는 극단 응답자나 입장 불변층의 감소 개연성

실제로 양자택일형의 공론 조사 모델과는 다른 합의 모형을 적용했을 때, 극단 응답자와 입장 불변층이 감소하는 것으로 확인되었다. 2019년 권역별 대화 참여자 중 지역별,

성별, 연령별, 인구 비례에 따라 158명을 선정하여 2019년 10월에 실시한 〈대북 인도적 지원 합의안 도출〉 토의 결과는 위의 가정을 입증한 토의이기도 했다.

1박 2일간 진행된 이 토론회에서 10명으로 구성된 각 분임조는 분임조 내 합의 절차를 거쳐 1차 28개, 2차 21개의 합의 문안을 마련했으며, 이를 두고 전체 참가자에게 동의 여부를 조사했다. 1차 토론에서 제출된 28개 합의 문안에 대한 동의율은 76.0퍼센트, 1차 합의 문안에 대한 수정 보완을 거친 2차 합의 문안에 대한 평균 동의율은 84.0퍼센트에 이르렀다.

전체 158명의 시민 참여단 중 21개 합의 문안 모두에 동의하지 않은 참가자는 1명이었으며, 동의한 합의 문안이

[그림 19] 대북 인도적 지원 합의 도출 대화 동의 문안 수: 응답자 특성별

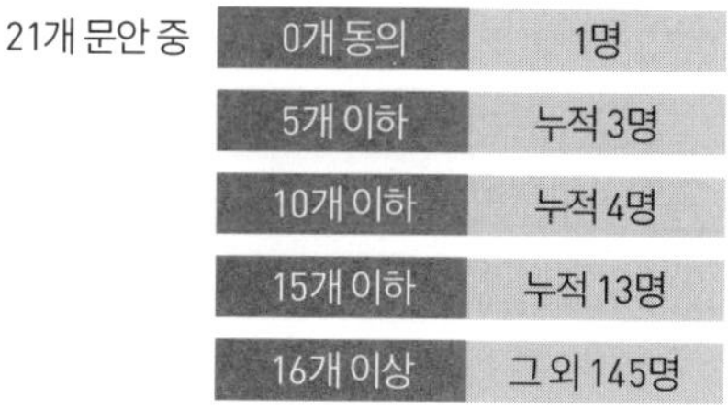

[그림 20] 대북 인도적 지원 합의 도출 대화 응답자 중 합의 거부층 분포

15개 이하인 사람은 13명에 불과했다. 나머지 참가자는 21개 합의 문안 중 16개 이상의 문안에 대해 동의 입장을 밝혔다.

이렇듯 극단 응답자와 입장 불변층이 소수에 불과하고 합의 문안에 대한 동의율이 높았던 이유는 합의를 요청하는 문장이나 선택해야 할 예문이 외부에서 주어진 것이 아니라, 분임 토의를 통해 10인으로 구성된 각 조에서 합의된 문장이 제안된 것, 즉 조별로 시민 스스로 예비 토론을 거쳐 제안된 문장들이었기 때문이다. 시민 참여단 스스로 만든 문안이라는 인식을 기반으로 합의를 형성하기 위해 나와는 생각이 다른 목소리를 경청하고, 가급적 반영하려고 서로가 노력했기 때문이라 할 것이다.

참관기 ① 사회적 대화를 통해 이룩한 작은 통일

〈평화·통일비전 사회적 대화를 위한 전국시민회의〉가 성
공적으로 발족하여 활동한 지도 어언 3년이 흘렀다.

　그동안 정치권과 마찬가지로 민간 단체마저 민족 분단
의 가슴 아픈 상처를 치유하지 않은 채 진영 논리를 추종하
며 좌와 우, 진보와 보수라는 남 아닌 남으로 대립각을 세
워 왔다.

　그러나 다행히도 〈평화와 통일을 위한 사회적 대화〉가
보수와 진보 시민 단체 사이에 꽉 막혀 있던 대화의 물꼬를
텄다. 불필요한 오해와 날선 갈등이 봄날의 눈송이처럼 녹
아내리는 것을 보면서, 진정으로 국가와 민족을 위한 창의
적 대화에는 걸림돌이 있을 수 없다는 것을 깨달았다.

　갈수록 갈등의 폭이 깊어져 가는 우리 정치권의 여야 간
대립도 당리당략이 아닌 국가의 무궁한 발전과 국민의 안

녕을 중심에 놓고 상생과 협력의 정신으로 공생 공존한다면 예상외의 성과를 이룰 수 있을 것이라는 확신을 갖게 되었다. 이것 또한 〈평화와 통일을 위한 사회적 대화〉의 성과가 아닌가 생각해 본다.

끊임없는 사회적 갈등 속에서 서로 견제하고 경계하며, 심지어 악의적 공격까지 마다하지 않았던 보수와 진보 두 진영의 시민 단체들이 〈평화와 통일을 위한 사회적 대화〉를 시도하고, 어려움 속에서도 지금까지 지속적으로 발전시켜 온 것은 획기적인 사건이 아닐 수 없다.

필자는 먼저 온 통일인 탈북민의 한 사람으로, 처음부터 사회적 대화에 기대를 걸었던 것은 아니다. 사실, 솔직히 고백하건대 회의적이었다. 종편과 언론을 통해서만 알던 좌파의 핵심 인사들과 마주 앉아 토론을 하는 것 자체가 비현실적인 일이었다. 한편으로는 적개심과 또 다른 공포심이 거부감을 느끼게 했다. 꼬리를 내리고 도망가는 것도 비겁한 일이라 어쩌지도 못하고 등 떠밀려 나가듯 참여하게 되었다. 하지만 예상 밖으로 〈평화와 통일을 위한 사회적 대화〉는 나에게 깊은 인상을 남겨 주었다.

그도 그럴 것이 탈북하여 한국에 정착한 25년이라는 오랜 세월 동안 한국 진보의 속성을 보고 들으며 느껴 온 탈북

단체의 대표가 아니었던가. 소위 친북 노선을 걷고 있다고 비판하던 한국 진보 세력과의 대화가 불편할 수밖에 없었다. 시작 전부터 마음의 장벽을 쌓고 전쟁하는 마음으로 임했다.

당시 나는 보수와 진보 간의 지속적인 사회적 대화는 어려울 수밖에 없다고 판단했다. 큰 효과를 내지 못하고 시행착오만 거듭하다가 1년도 못 가서 흐지부지될 것이라고 보았다. 돌아보면 확신에 찬 편견이 아닐 수 없었다.

그러나 내 판단은 완전히 빗나가고 말았다.

사회적 대화는 1년이 아니라 3년이 흐르는 지금까지도 보수와 진보 사이의 상생 일로를 함께 모색하는 중요한 공간을 만들어 냈다. 그리고 마침내 지난해에는 〈평화·통일 비전 사회적 대화를 위한 전국시민회의〉가 발족되었다. 허심탄회한 토론과 거침없는 논쟁을 거치며 한 계단 한 계단 더 높은 곳을 향해 힘찬 발걸음을 내디디고 있다.

지금도 나의 기억 속에는 3년 전의 일이 생생히 떠오른다. 서울시청 별관에서 제1차 〈평화와 통일을 위한 사회적 대화〉가 개최되었다. 진보와 보수 진영의 활동가들과 일반 시민들로 구성된 원탁회의는 나에게 특별한 사건이었고, 귀한 인연을 만들어 주었다.

수십 개의 원탁이 즐비하게 늘어선 대토론회장에서 내가 속한 원탁을 찾아갔다. 열 명 중 세 명은 평소 안면이 있던 보수 우파 진영의 대표들이었다. 일반 시민이 네 명 있었고, 나머지 세 명은 참여연대 중견 간부를 중심으로 한 진보 진영 활동가들이었다. 맥박이 빨라졌다. 도저히 눈을 마주하고 있을 수가 없었다. 말로만 듣던 좌파 활동가들이 앞에 있었다. 선입견이 무섭다는 것을 그때 새삼 느꼈다. 몇 번이나 핑계를 대며 빠져나오려고 했다.

　　우리는 발제된 의제를 가지고 진지한 토론과 논쟁을 거듭했다. 토론과 논쟁이 거듭될수록 내가 우려했던 보수와 진보의 대립과 편견은 서서히 무너져 내렸다.

　　더더욱 한국 생활 25년 만에, 언론에 오르내리던 대표적인 진보 단체인 참여연대의 중진 여성 간부와 마주 앉아 진지한 의견 교환과 토론을 진행한다는 것만으로도 그녀는 나의 특별 경계 대상이 아닐 수 없었다.

　　각자 소개가 끝나고 본격적인 대화가 시작되자, 참여연대의 그녀 역시 내가 보수 측을 대표하는 탈북민 단체장이라는 것을 알고 난 후 당혹감을 감추지 못하는 눈치였지만, 이런 오해의 시각을 해소하는 데는 불과 10분 남짓밖에 소요되지 않았다.

의제에 따라 바른 통일을 이루기 위한 논쟁에서 자신들이 가지고 있는 평소의 주장을 자연스럽게 드러내긴 했지만, 진정성을 바탕으로 한 우리의 대화는 얼마 안 있어 서로의 의견에 공감해 주고 박수까지 보내는 데 이르렀다.

여야로 갈라진 정치권에 대한 부정적 시각이 팽배했던 나는 일반 시민 사이에서는 보수와 진보라고 하더라도 의견 일치가 있을 수밖에 없다는 전제를 깔았지만, 그 순간 원탁 토의 테이블 위에서 이루어지는 작은 통일을 보고 놀라움을 금할 수 없었다.

그래서 정치적 이해관계와 당리당략에 목숨을 거는 정치권과는 달리 통일을 바라는 시민의 입장에서 각자가 자기의 의견을 진정성 있게 드러내고 토의한다면 통일도 이루지 못할 일이 아니라는 확신을 가지게 되었다.

그렇다. 통일은 이념을 배제하고 진정으로 국가와 민족의 장래를 위한 시민의 입장에서 실용적이고 현실적이며 능동적인 대화를 통해 실타래처럼 풀어 간다면 보다 쉽게 도달할 수 있을 것이다.

이제는 냉정한 시각과 현실적 감각으로 남과 북의 평화와 통일을 위한 새로운 비전을 가지고 남북 간의 문제를 풀어 나가지 않으면 안 된다. 아마도 이미 작은 통일을 이룩

한 〈평화와 통일을 위한 사회적 대화〉가 이의 좋은 본보기
가 될 것이다.

북한민주화위원회 위원장 허광일

3
민주적 시민 의식에 미친 영향

사회 통합은 어떻게 가능한가?

최근 사회적 문제 중 가장 민감한 사안을 꼽으라고 하면 많은 이들이 사회 갈등을 지적한다. 주말마다 광화문을 중심으로 하는 대규모 집회와 확성기 소리는 이제 일상이 되었다. 주요한 관공서 앞에는 으레 농성 천막과 1인 시위자들이 보인다. 심지어 입장을 달리하는 이들이 나란히 텐트를 치고, 사이좋게(?) 상호 적대적 현수막을 걸어 놓고 시위를 벌인다. 이른바 〈시위 공화국〉이라고 해도 과언이 아니다.

왜 이렇게 되었을까? 시간이 갈수록 왜 갈등의 골이 깊이 파이는 것일까?

분단 상황은 남북 갈등뿐만 아니라 남남 갈등을 키워 왔다. 소위 좌우, 보수 대 진보 간의 대립과 갈등은 해묵은 진영 대립을 낳았다. 상식과 정의는 진영 논리에 의해 설 자리를 잃었다.

백이면 백, 정치인들은 모두 사회 통합과 국민 통합을 외친다. 하지만 어떤 정치인, 어느 대통령도 뚜렷한 성과를 내지 못했다. 오히려 갈등을 조장하고 심화시켰다는 비판의 대상이 되곤 했다. 승자 독식의 양당제에서 선거철만 되면 국민을 양분하고 자기 진영 쪽으로 사람들을 유도하는 선거전이 전개된다. 과도한 홍보전과 선동은 진영을 강화하고 국민을 분열시킨다. 잘 지내던 친구들과 가족들이 선거철만 되면 정치 이야기로 철천지원수가 되고 돌변하는 경우가 허다하다.

특히, 우리나라의 경우 헌법적 가치인 평화 통일의 과제를 놓고 심각한 상황에 빠져 있다. 대북 정책과 통일 교육은 정권이 교체될 때마다 바뀌는 모습을 보여 왔다. 지난 정권의 노선은 부정되었고, 새로운 관점의 정책이 수립되었다. 그 결과, 대북 정책과 전략은 일관되게 추진될 수 없었다. 정권이 바뀌면 당연히 정책도 변해야 하는 것이 아니냐는 의견도 있다. 그러나 대북 정책과 통일 교육 등은 민족의 역사적 과제인 만큼 정파적 이해를 뛰어넘어 지속적·안정적으로 추진되어야 한다. 그러지 못할 경우 그 피해는 막대하다. 날 선 공방을 벌이는 미국의 공화당과 민주당도 국제 외교 정책 등 국가적 과제만큼은 기조를 유지하고 계승하여 발전시키고 있다는 사실이 부러울 지경이다.

남북통일에 앞서 남남 갈등을 먼저 해소하는 노력을 기울여야 한다는 여론이 높아지고 있다. 하지만 정치권이 앞장서 문제 해결에 노력을 기울일 것이라고 기대하는 건 우물가에서 숭늉을 찾는 격이라는 비판에 직면해 있다. 이러한 상황에서 지난 2018년, 보수·진보·중도 시민 사회가 공동으로 협업하고 기획하여 〈평화·통일비전 사회적 대화〉를 시작했다. 통일부가 후원했지만 전적으로 시민 사회가 중심이 되어 추진했다. 여야가 모두 합의하고 국민이 동의하는 통일국민협약을 마련한다면, 남남 갈등을 극복하면서 역진 불가한 대북 정책을 수립하여 추진할 수 있을 것이라는 전망에서 시작되었다.

2020년 올해 3년째를 맞고 있는 이 사업은 여러모로 성과를 낼 수 있을 것으로 보인다. 여기서는 다양한 목표 중 남남 갈등 해소와 사회 통합의 문제를 〈평화·통일비전 사회적 대화〉가 어떻게 달성하고 가능성을 넓혔는지를 다루고자 한다. 또한, 그 과정에서 우리 사회에 자리 잡고 있던 또 하나의 통념인 〈우리나라 사람은 대화와 토의 능력이 부족하다〉는 주장도 사실인지 여부를 확인해 보았다. 지난

3년간 시민 참여단이 참여하여 숙의 토의 전후에 시행한 설문 조사 결과를 분석할 것이다. 전문 여론 조사 기관에 의해 층화 표본 추출에 따라 선발된 시민 참여단의 성향과 변화 양상을 성별, 연령별, 지역별 등 주요 응답자 특성별로 살펴볼 것이다.

〈평화와 통일을 위한 사회적 대화〉는 숙의 토의를 마친 후, 여론 조사를 통해 숙의 과정이 각 개인에게 어떠한 영향을 미쳤는지 조사했다. 사회적 대화의 효과를 다양한 측면에서 확인했지만, 갈등과 오해를 풀고 상호 존중하는 분위기에서 사회 통합의 가능성을 목도할 수 있었던 점에서 가장 큰 의미를 찾고 싶다. 참가자들은 숙의 토의 과정에서 관용이 무엇인지를 다른 참가자들로부터 배움과 동시에 스스로 발현했다.

관용성, 〈다른 입장 수용도〉와 〈다른 입장 결정 시 신뢰 정도〉

관용이란 무엇인가?

『종교학대사전』[18]에 따르면, 관용(寬容, tolerance)을 〈넓

18　한국사전연구사 편집부가 1998년 출판한 책으로, 여기서는 인터넷에

은 의미로는 자기의 신조와는 다른 타인의 사상, 신조나 행동을 허용하고, 또한 자기의 사상이나 신조를 외적인 힘을 이용해서 강제하지 않는 것을 의미〉한다고 정의하고 있다. 종교적 신념의 대립이 가장 첨예한 상황이라는 전제하에 타인의 종교를 억압하고 핍박하지 않는다는 것을 뜻한다. 현대에 이르러 이것은 정치 사상의 이념적 차이를 존중하는 태도로 확대되었다.

오늘날 정치학에서는 관용을 다음과 같이 정의한다. 〈너그럽게 용서하고 용납하는 것, 즉 어떤 주체(개인이나 단체)가 자신이 나쁘다거나 혐오스럽게 생각하는 것을 표현·실행하는 다른 주체에 대해 박해 등의 영향력을 행사할 수 있음에도 불구하고 이러한 권력 행사를 삼가고 그 공존을 인정하는 것〉[19]이다.

달리 표현하면, 관용은 〈내가 동의하지 않는 다른 이념, 견해를 가지고 있는 사람이 적극적으로 자기 생각과 주장을 펼칠 수 있도록 권리와 기회를 보장해 주는 것〉이라고

올라와 있는 자료를 사용했다. https://terms.naver.com/entry.nhn?docId=628632&cid=50766&categoryId=50794

19   『네이버 지식백과』, 〈관용(寬容, toleration)〉(『21세기 정치학대사전』, 정치학대사전편찬위원회).

정의할 수 있다. 여기에 〈선악(善惡)〉의 이분법은 존재하지 않는다. 타자의 존재를 인정하고 사회의 다양성을 존중할 때 관용이 들어설 자리가 생긴다. 민주주의가 발전하기 위한 기본적 토양으로서 관용이 사회적 저변으로 자리 잡아야 한다.

더욱 적극적인 의미로 관용을 해석하면, 〈다양성을 존중하고 민주적 토론을 허용하는 조건에서 숙의 과정을 거쳐 어떠한 결론에 도달한다면, 그 결론이 자기 생각이나 주장과 다르더라도 동의하고 따르는 것〉이라고 정의할 수 있다. 이것은 매우 중요한 의미를 지닌다. 자신의 주장이 관철되지 않고 본인 생각과 다른 결론이 날 것을 두려워하여 판을 깨고 대화를 중단하는 것이 아니라, 숙의 토의 과정을 통해 민주주의를 존중하고 결론에 승복하는 것은 성숙한 시민의식의 모범적 전형이라고 할 수 있기 때문이다.

2018/2019 사회적 대화 전후, 구조화된 설문을 통해 시민 참여단의 생각을 확인했다.[20] 설문 결과를 통해 숙의 효

---

20   본 글에서는 2018년 대화의 결과를 중심으로 기술했다. 2018년 대화에는 진영 활동가와 미래 세대도 참여한 관계로, 일반 시민과 해당 계층을 비교하여 판단할 수 있는 장점이 있기 때문이다. 그렇지만 2019년 자료와 비교하여 상충하거나 특이한 결과는 함께 기술함으로써, 1회 조사 결과를

과가 얼마나 나타났는지 확인할 수 있었다. 아래는 사회적 대화 이후 실시한 설문 중에서 관용과 관련된 문항이다.

문A) 나는 토론회에 참여하면서 나와 다른 입장의 생각을 더 이해하게 되었다.

① 매우 그렇다　　　　　② 조금 그렇다
③ 별로 그렇지 않다　　　④ 전혀 그렇지 않다

문B) 나는 한반도 평화·통일 추진 과정에서 나와 다른 의견으로 결정되더라도 그 결정을 신뢰할 것이다.

① 매우 그렇다　　　　　② 조금 그렇다
③ 별로 그렇지 않다　　　④ 전혀 그렇지 않다

상기 설문 중 첫 번째 문항(문A) 〈나는 토론회에 참여하면서 나와 다른 입장의 생각을 더 이해하게 되었다〉는 〈다른 입장 수용도〉에 관한 질문이다. 이의 결과로 타인을 존중하는 〈일반적 관용〉 정도를 알아볼 수 있다. 그리고 두 번째 문항(문B) 〈나는 한반도 평화·통일 추진 과정에서 나와 다른 의견으로 결정되더라도 그 결정을 신뢰할 것이다〉라는 진술은 사회적 대화의 효과와 성취를 객관적으로 확인

과도하게 해석하는 오류를 최소화하고자 했다.

할 수 있는 대표적인 문항이다. 이는 〈적극적 관용〉에 관한 것으로, 이의 결과는 숙의 토의 이후 참가자들이 숙의적 전환deliberative turn[21]을 했는지, 하지 않았는지를 들여다볼 수 있는 실증적 지표이다.

　이 책을 읽는 독자들도 앞의 문항에 대해 자신은 어떠한 생각을 하고 있는지 따져 보며 읽기를 권한다.

시민 참여단의 97퍼센트, 일반적 관용으로서 〈자신과 다른 입장도 수용〉

먼저 글을 전개하기에 앞서 전제하고 넘어가야 할 부분이 있다. 지난 2년간 사회적 대화에 참여한 시민 참여단은 한결같이 다음과 같이 답했다.

　이러한 방식의 숙의 토의는 처음 경험해 봅니다.

　왜 학교에서 이러한 토의 방식을 가르치지 않는지 궁

21　숙의민주주의자 드라이젝John S. Dryzek은 숙의적 전환을 현대 민주주의가 선호 집합적 기능에 의존하는 〈투표 중심〉에서 진정한 숙의 authentic deliberation에 기반한 〈토의 중심〉으로 전환하는 것이라고 설명했다.

금합니다.

민주주의의 살아 있는 교육이 되었습니다.

더 지속해서 확대 추진할 필요가 있습니다.

처음 보는 각계각층의 사람들이 모여 온종일 둘러앉아 규칙에 따라 토의하는 것은 쉬운 일이 아니다. 하지만 시간이 지나면서 숙의의 묘미를 느끼고 빠져드는 모습을 보였다. 평소에 익숙하지 않았고 피곤한 과정이었지만 만족도는 매우 높았다. 언론과 방송을 통해 정치권이 생산하는 진영 논리에 젖어 있던 참여자들도 토의 과정을 통해 점차 변해 갔다.

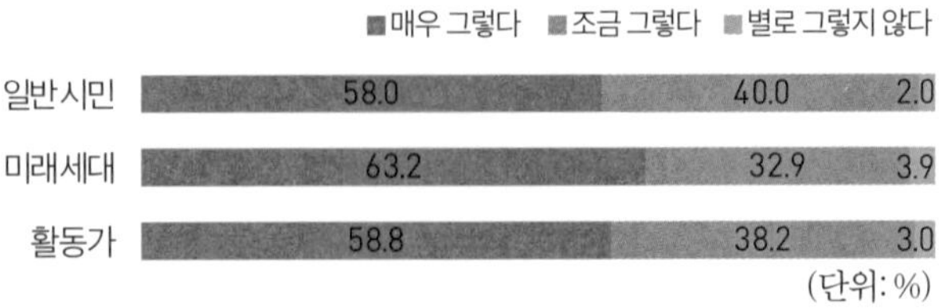

	■매우 그렇다	■조금 그렇다	■별로 그렇지 않다
일반시민	58.0	40.0	2.0
미래세대	63.2	32.9	3.9
활동가	58.8	38.2	3.0

(단위: %)

[그림 21] 나는 토론회에 참여하면서 나와 다른 입장의 생각을 더 이해하게 되었다: 시민 참여단 유형별

다른 사람의 견해가 설득력이 있다면 수용할 수 있다는 열린 마음을 [그림 21]을 통해 명징하게 확인할 수 있다. 일반 시민, 미래 세대, 활동가 등 세 집단 모두 과반 이상이 〈토론회에 참여하면서 나와 다른 입장의 생각을 더 이해하게 되었는가〉라는 질문에 〈매우 그렇다〉라는 적극적 입장을 표명했다. 미래 세대(63.2퍼센트)가 조금 높기는 하지만, 활동가(58.8퍼센트)와 일반 시민(58.0퍼센트)도 관련 응답이 60.0퍼센트에 육박했다.

수용 입장을 〈조금 그렇다〉로 확대하면 전체적으로 97퍼센트 넘는 참여자가 〈나와 입장이 다르더라도 타당하다고 생각하면 수용할 수 있다〉는 긍정적인 입장을 보였다. 놀라운 결과라고 하지 않을 수 없다. 정치권이 표를 얻기 위해 격돌하고 여야가 대립을 일삼는 뉴스를 보면 사회 전체가 포용력이 없는 것처럼 보이지만, 국민의 실상은 그렇지 않다는 것을 증명하는 결과이기 때문이다.

남자보다 여자의 수용성이 높아

성별로 살펴보면, 남자(〈매우 그렇다〉, 53.5퍼센트)보다 여자(〈매우 그렇다〉, 62.4퍼센트)의 수용 의지가 강하다는 것을 확인할 수 있다. 현장에서 확인한 사실은, 남자보다 여

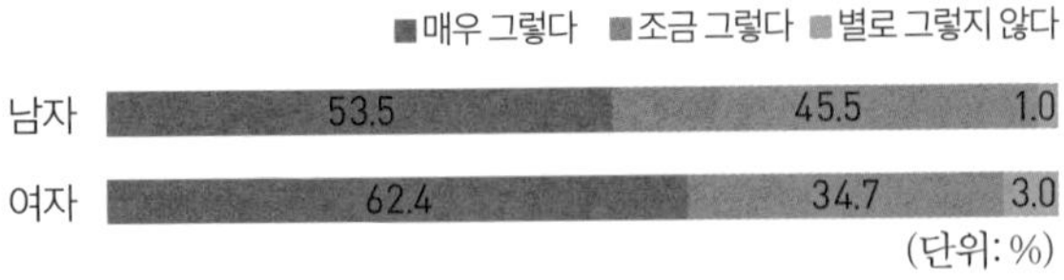
■매우 그렇다 ■조금 그렇다 ■별로 그렇지 않다
남자
53.5
45.5
1.0
여자
62.4
34.7
3.0
(단위: %)

[그림 22] 나는 토론회에 참여하면서 나와 다른 입장의 생각을 더 이해하게 되었다: 성별

자가 숙의 토의 규칙을 잘 따랐으며 경청하고 공감하는 태도가 좋았다는 점이다. 50대 주부 참여단의 경우, 결혼 전에는 아버지에게, 결혼 후에는 남편과 자식들에게 주눅 들어 살다가, 당당하게 자신의 주장을 펴고 다른 이들이 경청해 주는 경험을 하면서 경이로웠다는 감정을 표출했다.

60세 이상 고연령층의 수용성도 낮지 않아

연령별 결과는 일반적인 통념과 달라 더욱 주목을 끌었다. 2018년 사회적 대화 결과에 따르면, 〈매우 그렇다〉는 적극 수용 응답이 60세 이상 참가자들(72.5퍼센트)에서 가장 높았기 때문이다. 그다음으로 20대(61.5퍼센트)가 뒤를 이었고, 50대 – 40대 – 30대 순이었다.

기성세대는 종종 대화가 되지 않을 거라는 선입견의 대상이 되곤 하지만, 현실은 그렇지 않다는 것을 보여 주고 있다. 〈나이 드신 분들이 자기주장만 하고 남의 얘기를 잘 안

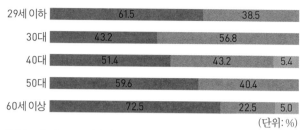

29세 이하 61.5 38.5
30대 43.2 56.8
40대 51.4 43.2 5.4
50대 59.6 40.4
60세 이상 72.5 22.5 5.0

(단위: %)

[그림 23] 나는 토론회에 참여하면서 나와 다른 입장의 생각을 더 이해하게 되었다: 연령별(2018년)

들어 주실 것 같이 걱정했는데, 그렇지 않았다〉며 소회를 밝히는 젊은 시민 참여단이 적지 않았다.

다만, 2019년 대화 결과에 따르면 60세 이상의 관련 응답이 50.6퍼센트로 30대(48.2퍼센트)보다는 높지만, 20대(61.6퍼센트), 40대(62.9퍼센트), 50대(63.1퍼센트)보다는 낮았다. 이 점에서 60세 이상 고연령층의 관용성은 더 많은 사례를 통해 확인할 필요가 있겠으나, 〈꼰대인 기성세대〉라는 선입견이나 고정 관념으로 단정할 대상은 아니라는 점은 분명하다.

시민 단체에서 참가한 보수·진보·중도 성향 활동가들의 수용 성향은 [그림 24]와 같다.

〈매우 그렇다〉라는 응답이 진보보다 보수와 중도 성향 활동가들에서 상대적으로 높다는 것을 확인할 수 있다. 물

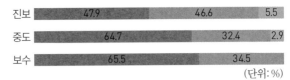

	매우 그렇다	조금 그렇다	별로 그렇지 않다
진보	47.9	46.6	5.5
중도	64.7	32.4	2.9
보수	65.5	34.5	

(단위: %)

[그림 24] 나는 토론회에 참여하면서 나와 다른 입장의 생각을 더 이해하게
되었다: 진영별

론 〈조금 그렇다〉까지 합하면 보수 활동가의 100.0퍼센트,
진보 활동가의 94.5퍼센트, 중도 활동가의 97.1퍼센트가
상대 의견을 수용하는 데 긍정적인 입장인바, 이념 성향 간
수용성의 차이를 과도하게 확대 해석할 필요는 없다고 볼
수 있다.

시민 참여단의 91퍼센트, 적극적 관용으로서 〈자신과 다른 입장
결정에도 신뢰〉

앞 장의 〈수용성〉 여부와 비교할 때, 지금부터 살펴볼 〈결
정 시 신뢰 정도〉는 한 발짝 더 나아간 질문이다. 예컨대 들
어 주고 이해하려고 노력할 수는 있어도, 자기 생각과 다른
입장으로 결론이 나는 것까지 믿고 받아들인다는 것은 보
통 일이 아니기 때문이다.

앞에서 설명한 대로 일반적 의미에서 〈관용〉은 허용하

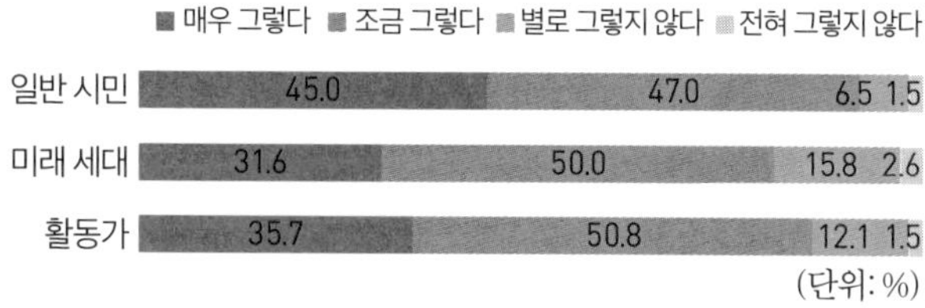
■ 매우 그렇다 ■ 조금 그렇다 ■ 별로 그렇지 않다 ■ 전혀 그렇지 않다
일반 시민
45.0
47.0
6.5 1.5
미래 세대
31.6
50.0
15.8 2.6
활동가
35.7
50.8
12.1 1.5
(단위: %)

[그림 25] 나는 평화·통일 추진 과정에서 나와 다른 의견으로 결정되더라도 그 결정을 신뢰할 것이다: 시민 참여단 유형별

나, 적극적 의미에서의 〈관용〉은 고민해야 할 영역이라는 것을 뜻한다. 온종일 숙의 토의를 통해 의견을 나누면서 생각을 정리한 참가들이 중요한 정책을 확정하는 과정에서 자기 생각과 다른 결론이 나오면 어떠한 태도를 보일까?

앞에서 살펴본 일반적 수용성과 비교하여 먼저 눈에 띄는 점은 모든 계층에서 〈그렇지 않다〉는 적극적 비신뢰 응답이 존재한다는 것이다. 입장이 다른 결정을 있는 그대로 믿고 따르기가 쉽지만은 않다는 방증으로 이해할 수 있을 것이다.

그렇지만 〈매우 그렇다〉와 〈조금 그렇다〉는 응답은 미래 세대(81.6퍼센트)와 활동가(86.5퍼센트)에서 80.0퍼센트를 상회하며, 일반 시민은 해당 응답이 92.0퍼센트에 이른다. 경청에 기반하고 관용의 정신이 발현된 숙의 토의를 거치지 않았다면 나올 수 없는 결과라고 할 것이다. 합리적인

■ 매우 그렇다	■ 조금 그렇다	■ 별로 그렇지 않다	■ 전혀 그렇지 않다	

| 남자 | 42.4 | 48.5 | 7.1 | 2.0 |
| 여자 | 47.5 | 45.5 | 5.9 | 1.0 |

(단위: %)

[그림 26] 나는 평화·통일 추진 과정에서 나와 다른 의견으로 결정되더라도 그 결정을 신뢰할 것이다: 성별

대화와 숙의를 통해 주요 사항이 결정된다면, 우리 사회의 불필요한 갈등을 해소하여 사회 통합의 길로 나아갈 수 있을 것이라고 기대할 만하다.

성별로는 여자가 남자보다 〈적극적 동의〉 의향이 높았다. 수용성뿐만 아니라 적극적 관용 측면에서도 여자가 남자보다 열린 자세라는 점을 확인할 수 있다. 〈조금 그렇다〉는 소극적 동의까지 포함하면 남녀 모두 90.0퍼센트 이상(남자 90.9퍼센트, 여자 93.0퍼센트)이 자신과 다른 의견으로 결정되더라도 그 결정을 신뢰할 것이라는 입장을 피력했다.

연령별 응답에서는 다른 입장 수용도와 마찬가지로 의외의 결과를 확인할 수 있었다. 젊은 세대들보다 60세 이상 고연령층에서 적극적 동의 응답(매우 그렇다)이 62.5퍼센트로 가장 높았다. 다만, 2019년 대화에서는 60세 이상의 관련 응답이 44.9퍼센트로 20대(37.7퍼센트)와 30대(34.0퍼센트)보다는 높았지만, 40대(47.7퍼센트)와 50대

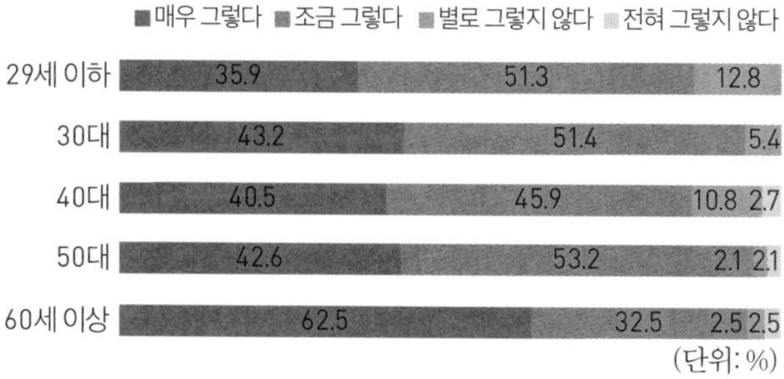
■매우 그렇다 ■조금 그렇다 ■별로 그렇지 않다 ■전혀 그렇지 않다
29세 이하
35.9
51.3
12.8
30대
43.2
51.4
5.4
40대
40.5
45.9
10.8
2.7
50대
42.6
53.2
2.1
2.1
60세 이상
62.5
32.5
2.5
2.5
(단위: %)

[그림 27] 나는 평화·통일 추진 과정에서 나와 다른 의견으로 결정되더라도 그 결정을 신뢰할 것이다: 연령별

(50.0퍼센트)보다는 낮았다. 2019년 결과를 감안해도 2년간의 조사 결과, 60세 이상의 관용성이 다른 연령대에 비해 낮지 않다는 점은 분명하다. 실제 숙의 토의 현장에서 목소리를 높이며 자기주장을 강하게 하는 일부 어르신도 있었지만, 60세 이상 참가자 대부분은 상대방의 의견을 존중하며 토론에 적극적으로 참여하는 모습을 보였다. 60세 이상을 사회 정책 결정 및 실천 과정의 능동적 주체로 재해석하고 참여의 폭을 넓히는 접근이 필요하다고 본다.

진영 활동가들의 결과도 흥미롭다. 〈매우 그렇다〉는 적극적 동의 응답은 보수(44.8퍼센트) - 중도(38.2퍼센트) - 진보(26.0퍼센트) 순이었다. 〈조금 그렇다〉까지 확대한 긍정 응답은 중도(89.7퍼센트)와 보수(89.6퍼센트)는 차이가 없고, 진보(80.8퍼센트)가 그다음을 차지했다.

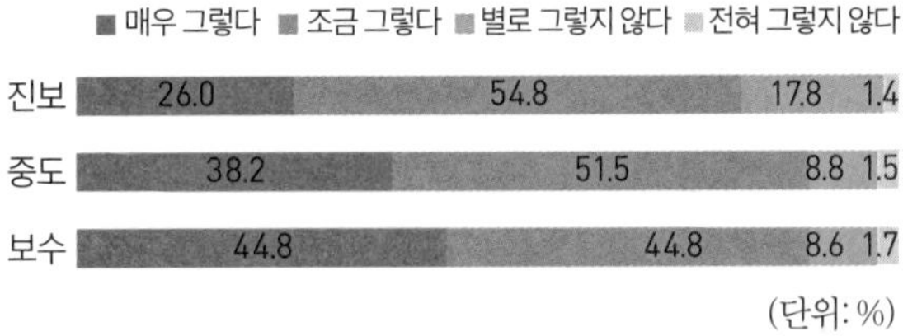

■ 매우 그렇다 ■ 조금 그렇다 ■ 별로 그렇지 않다 ■ 전혀 그렇지 않다

진보	26.0	54.8	17.8	1.4
중도	38.2	51.5	8.8	1.5
보수	44.8	44.8	8.6	1.7

(단위: %)

[그림 28] 나는 평화·통일 추진 과정에서 나와 다른 의견으로 결정되더라도 그 결정을 신뢰할 것이다: 진영별

관련 응답에서 진보 활동가가 낮은 것은 진보 활동가가 중도나 보수 활동가에 비해 이념적 자기 확신이 상대적으로 강하기 때문이라는 추론이 가능하겠으나, 표본의 대표성을 보증하는 사례 연구를 통해 추가로 더 확인하고 검증해 봐야 할 것이다.

〈만장일치 합의 형성〉에 대한 도전

2019 종합 대화는 지금껏 국내 공론화에서는 시도하지 않았던 새롭고 도전적인 방식이었다. 무작위로 선발한 다수의 일반 시민을 대상으로 만장일치를 표방하는 합의 형성 모델에 따라 대북 인도적 지원에 대해 국민 모두가 동의할 수 있는 합의안 초안을 작성하는 것이 2019 종합 대화의 목표였다.

방식뿐만 아니라 합의 도출을 위한 원칙도 엄격했는데,

개인별 합의안 작성	분임 내 의견 공유 및 합의안 도출	전체 취합

| 전체 분류 통한 상정안 마련 | 합의안별 동의 여부 투표 | 전적으로 동의
대체로 동의
합의 저지하지 않음
반대, 더 논의 필요
적극적 반대 | 두 항목에
전원 투표 시
합의 |

[그림 29] 대북 인도적 지원 합의안 도출을 위한 1박 2일 절차

합의 도출을 위해 설정한 네 가지 원칙은 다음과 같다. ① 모든 개인의 의견으로부터 합의 도출을 시작한다. ② 공통점에 초점을 두고 차이를 이해하면서 합의를 진행한다. ③ 전원 합의를 지향한다. ④ 아슬아슬하게 합의에 이르지 못한 안은 재고(再考)할 기회를 부여한다.

1박 2일 동안 실시한 합의 도출 절차도 다른 어떤 공론화보다 밀도 있게 진행되었다.

의제에 대한 입장과 이해 수준이 천차만별인 다수의 일반 시민을 대상으로 만장일치 방식에 입각하여 합의문을 도출한다는 계획이 과연 실현 가능한 것이었을까? 그것도 만장일치의 요건에 〈전적으로 동의〉와 〈대체로 동의〉만을 포함한다는 조건하에서.[22]

사실 이는 실현 불가능한 목표였다고 할 수 있다. 실제로 사회적 대화 결과를 되짚어 보니, 제시된 모든 항목에 동의하지 않은 사람이 1명이고, 13명은 대다수 항목에 동의하지 않았다.

합의 형성보다 낮은 단계라고 할 수 있는 일반 여론 조사에서도 조사 대상자 모두가 동의하는 것만을 만장일치로 분류하지는 않는다. 입장과 처지가 다양한 사회 구성원을 고려할 때, 모두가 동의할 수 있는 정책이나 상황을 가정하는 것 자체가 현실적이지 않기 때문이다. 이 점에서 컬버그와 짐머만의 분류[23]를 참조하는 것은 유용하다. 컬버그와 짐머만은 한 사회의 특정 정책과 이슈에 대한 지지 수준을 아래와 같이 구분했다.

즉 컬버그와 짐머만은 여론 조사 결과가 60~79퍼센트

---

22   동의와 관련한 척도의 워딩과 범주를 어떻게 설정하느냐는 매우 민감하고도 중요한 문제이다. 2019 종합 대화는 비교 가능한 다른 토의에 비해 동의 척도 워딩과 범주가 매우 엄격했다. 이는 결과적으로 만장일치 합의의 가능성을 낮추는 효과를 초래했다.

23   Judith S. Kullberg and William Zimmerman. 1999. "Liberal Elites, Socialist Masses, and Problems of Russian Democracy." *World Politics* 51.3, p.337. 정한울, 여론 분석 시리즈 Korean Opinion Review 2016 – 10에서 재인용.

여론 조사 결과	구분	분류
50% 초과~60% 미만	majority	다수 여론
60% 이상~79% 사이	consensus	사회적으로 합의한 수준
80% 이상	virtual unanimity	사실상 만장일치 수준

[표 23] 여론 조사 결과에 대한 해석 기준

사이만 되더라도 사회적으로 합의한 수준이라 할 만하다고 했고, 80퍼센트 이상이면 사실상 만장일치로 봐도 무방하다고 주장했다.

이 외에도 현장에서 다양한 퍼실리테이션 경험을 축적한 국제 퍼실리테이터 양성 기관 ICA(The Institute of Cultural Affairs), 캐나다의 브레인 스탠필드Brain Stanfield는 컨센서스consensus를 모든 사람이 동의하는 것으로 오해하고 있다고 지적한다. 그에 따르면, 컨센서스는 그룹의 공통 의지를 말한다. 다시 말해 컨센서스는 그룹이 함께 전진할 수 있게 하는 공통의 이해이며, 모든 사람들이 모든 사항에 다 동의하지 않더라도 기꺼이 함께 전진하려 할 때 컨센서스에 도달한다고 했다.[24]

---

24   브라이언 스탠필드, 『컨센서스 워크숍 퍼실리테이션』, 이영석 옮김 (2014), p.38.

연번	문안	동의 (%)
1	남북한은 인도적 지원 절차와 투명성 확보를 위해 상호 노력한다.	94.3
2	정부 기관은 대북 지원의 과정과 결과를 투명하게 공개한다.	93.7
3	남북 정부는 지원 물품의 올바른 전달을 위해 노력해야 한다.	93.0
4	대북 인도적 지원은 투명성을 기반으로 한다.	92.4
5	정부는 북한의 긴급 재난에 관하여 인도적 지원을 하기로 한다.	90.5
6	인도적 지원은 인간의 존엄성 보장을 원칙으로 해야 한다.	89.2
7	인도적 지원은 사회적 합의를 바탕으로 한다.	89.2
8	대북 인도적 지원은 지원 목적과 달성 목표를 명확히 해야 한다.	88.6
9	인도적 지원은 북한 주민의 생존권 향상을 목표로 한다.	86.1
10	남북 정부와 민간은 대북 인도적 지원을 위해 노력한다.	84.8
11	남북은 남북 문제를 해결할 일관성과 지속성 있는 대화 원칙을 수립한다.	84.8
12	대북 인도적 지원은 영유아에 대해 최우선적으로 지원한다.	84.2
13	대북 인도적 지원은 식량 자원뿐 아니라 지속적 자체 생산이 가능하도록 기술 전수도 병행되어야 한다.	83.5
14	인도적 지원은 영유아에게 우선적으로 투명하게 지원되도록 국제기구 등을 통해 모니터링되어야 한다.	82.3
15	대북 인도적 지원은 1회성 지원보다 자생 가능한 기술을 지원한다.	81.6
16	대북 인도적 지원은 장기 계획을 세워서 지속되어야 한다.	80.4

[표 24] 인도적 지원과 관련한 문안 중 참여자의 80퍼센트 이상이 동의한 합의안

위의 기준에 따르면, 합의 형성 과정에 참여한 사람들의 80퍼센트 이상이 동의한 합의안은 최초에 기획했던 만장일치로 간주할 수 있다고 하겠다. 이 점에서 2019 종합 대화에서 2차 합의안에 부쳐진 21개의 문안 중 참여자의 80퍼센트 이상이 동의하여 만장일치 수준에 도달한 문안은 [표 24]와 같다.

2019 종합 대화를 통해 시민이 직접 작성한 인도적 지원에 대한 문안 중 만장일치 수준으로 합의한 문안들은 투명성·모니터링, 인도적 지원의 필요성·의무·범위 등을 규정한 일반 원칙, 사회적 합의, 지원 방식, 사회적 약자 우선 지원, 지속성 등의 키워드로 구성되어 있다.

무작위로 선발된 다수의 일반 시민이 반복적인 토의와 합의 형성 과정을 거쳐 합의안을 작성하고, 재카테고리화와 추가 수정 과정을 통해 합의 수준을 높임으로써, 참여자의 80퍼센트 이상이 합의한 16개의 문장을 완성할 수 있었던 것 자체가 국내에서 처음으로 시도된 합의 형성형 사회적 대화가 성과적으로 수행된 징표라고 하겠다.

수정해야 할 통념 ②: 우리나라 사람은 대화와 토의 능력이 부족하다 → 우리나라 사람은 대화와 토의 역량이 충

분하다는 것을 사회적 대화를 통해 확인했다

갈등이 무조건 나쁜 것은 아니다. 다양성과 민주주의는 갈등을 전제로 한다. 문제는 갈등을 어떻게 조정하고 해소하느냐에 달려 있다. 차이를 인정하고 다양성을 존중하는 토대 위에 상호 토의와 민주적 과정을 통해 합의를 이루어 나가는 것이 필요하다.

이 과정에서 관용은 매우 중요한 역할을 한다. 관용이 넘치는 사회는 다양성 위에 행복한 공동체를 이룰 수 있을 것이다. 반면, 관용이 부족하고 상대를 핍박하며 자신만이 옳다고 주장하는 사회는 필연적으로 소모적 갈등과 파괴적분열로 나아갈 것이다.

2018/2019 〈평화·통일비전 사회적 대화〉는 참여자들에게 영감과 희망을 주는 계기였다고 평가한다. 하루 여덟 시간 동안 진행된 숙의 토의는 짧다면 짧은 시간이었지만 모두가 새로운 변화를 맞이하는 계기로 작용했다. 수많은 효과와 성과가 있었지만, 특히 숙의민주주의를 통한 사회 통합의 가능성을 확인한 지점에서 손에 잡히는 평화 통일의 희망을 보았다. 숙의적 전환이 이루어지는 현장이자 체험이었다.

거주 지역과 성, 연령, 이념 성향 등이 제각각인 전혀 모르는 사람들과 하루 또는 1박 2일 동안 진지하게 토의하고 합의안을 도출하고자 하는 기획이 과연 가능한 일인가? 이는 주최 측의 염려이기도 했지만, 사회적 대화 참여 시민들의 현실적인 우려이기도 했다.

우리나라 사람은 질서 정연한 토의 경험이 일천할 뿐만 아니라 모르는 사람과의 대화에 익숙하지도 않고, 대화를 할 때 경청하는 자세가 부족하다는 인식이 지배적인 상황에서 이는 근거 없는 회의(懷疑)가 아니었다. 그렇지만 그러한 염려와 우려는 대화가 진행되면서 기우에 불과했다는 것을 알게 되었다.

연세가 있으신 분하고는 대화가 안 될 줄 알았어요. 오히려 같이 이야기하다 보니까 저랑 대화가 되고, 하나로 좁혀질 수도 있겠구나 생각했어요. (수도권, 여자, 20대)

다른 참가자들은 대화의 가능성을 확인하는 데에서 더 나아가 서로 다른 입장의 사람들이 만나 대화하는 기회의 장을 자주 마련할 필요가 있음을 역설했다.

세대 간에 생각이 너무 극명하게 다를 수 있구나. 이런 토론회 자리를 통해서 그런 차이를 꼭 줄여 나갈 필요가 있다는 생각을 한 번 더 했습니다. (수도권, 여자, 50대)

저희 세대에 그치지 말고 10대, 20대, 30대 등 다양한 이야기를 많이 들어야 하겠고, 뭔가 정착이 되기 전까지는 이런 기회를 많이 가졌으면 좋겠어요. (영남권, 여자, 50대)

또한 다수의 일반 시민이 집단 지성을 발휘하여 합의문을 성안하기 위해서는 자신의 입장과 생각이 다른 사람과 다를 수 있고, 다른 사람의 말에 진실이 있을 수 있다는 점을 인정해야 하며, 동시에 다름과 차이는 있되 옳고 그름의 문제는 아니라는 태도가 긴요하다. 이러한 깨달음과 분위기는 토의가 진행되고 합의안을 도출하는 과정에서 자연스럽게 형성되었다.

내가 생각하지 못한 면도 있고, 내가 틀릴 수도 있겠구나를 알게 돼서 그런 부분이 좋았습니다. (영남권, 남자, 50대)

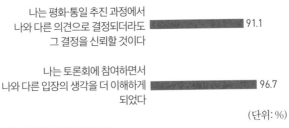

나는 평화·통일 추진 과정에서
나와 다른 의견으로 결정되더라도
그 결정을 신뢰할 것이다 ━━━━━━━━ 91.1

나는 토론회에 참여하면서
나와 다른 입장의 생각을 더 이해하게 ━━━━━━━━ 96.7
되었다

(단위: %)

[그림 30] 종합 대화 참여 효과

평소에 생각하지 못했던 의견도 듣고 해서 생각이 좀
더 확장되는 그런 경험이었습니다. (영남권, 남자, 20대)

다른 사람의 생각을 들으면서 통일은 좀 더 포용할 수
있는 부분이 있어야 되지 않나 그런 생각을 하게 되었습
니다. (호남권, 남자, 50대)

이러한 연유로 〈평화·통일 추진 과정에서 나와 다른 의
견으로 결정되더라도 그 결정을 신뢰할 것이다〉라는 응답
이 91.1퍼센트에 달했으며, 〈토론에 참여하면서 나와 다른
입장의 생각을 더 이해하게 되었다〉라는 응답은 96.7퍼센
트에 달했다.

만나서 대화를 통해 다름을 이해하고 관용하는 과정이
없었다면 가능하지 않은 결과라고 할 것이다.

지난 2년 동안 사회적 대화와 숙의 토의를 진행한 주최 측으로서 확인한 것은, 우리나라 사람들은 대화와 토의를 통해 갈등을 해소하고 협력해 나가려는 기본적인 공동체 정신과 배려의 자세가 남다르다는 점이었다.

사회적 대화를 비롯한 공론장이 다양한 분야에서 지속적으로 마련된다면, 우리에게 내재되어 있는 대화와 토의 역량을 자양분 삼아 모범적인 숙의민주주의를 실현할 수 있을 것이라는 기대가 단순히 유토피아적인 상상만은 아니라고 생각한다.

참관기 ② 사회적 대화로 발견한 우리 안의 〈대화〉 DNA

돌아보면 살면서 우리는 나와 다른 의견을 가진 사람과 눈을 맞추고, 마음을 다해 듣고, 조심스럽게 고른 말로 그 사람을 설득해 본 경험이 얼마나 될까. 반면에 의견이 다른 이의 말이 채 끝나기도 전에 말을 끊고 내 주장을 쏟아 내거나, 역으로 나의 의견이 묵살당해 당황하고 불쾌해진 마음에 입을 다물어 버린 경험은 얼마나 많았을까.

태어날 때부터 분단된 나라에서 살아 온 대다수의 한국 사람들은 섬 주민처럼 살아왔다. 삼면으로 둘러싸인 바다는 마음대로 건너 어디든 갈 수 있는데, 북쪽으로는 한 발짝도 내디딜 수 없는 이 상황이 꽤 부자연스러움에도 불구하고 〈왜〉라는 물음은 공론화되지 못했고, 〈통일〉이란 주제는 늘 첨예한 갈등을 몰고 왔다. 전쟁과 오랜 분단이 우리에게 남긴 것은 나와 적을 구분해야 살 수 있다고 믿는 특별한 DNA였다. 이 DNA는 몇 세대에 걸쳐 억척스럽게 이어져 내려와 일단 상대를 의심하게 했고, 나와 조금만 다르다고 생각되면 공격하거나 회피하도록 만들었다.

진지한 대화와 합의는 사라지고 반대만 남은 정치, 하나의 광장에서 둘로 갈라져 〈목소리 큰 놈이 이긴다〉는 원시적 명언을 불변의 진리로 만들고 있는 시민들, 문제의 핵심을 찾아 해결하는 공론장을 만들기보다는 입맛에 맞는 주장 편에 서서 오히려 갈등을 부추기는 시민 단체와 언론에 이르기까지. 주요한 사회적 자본인 사회적 신뢰도는 OECD 국가들의 평균치에도 미치지 못한다.

2018년부터 시작된 〈평화와 통일을 위한 사회적 대화〉는 이런 우리 사회의 DNA를 바꾸기 위한 대범한 시도였다. 지난 3년간 나는 참가자로, 퍼실리테이터로, 진행 요원으로 이 프로젝트에 함께했다. 솔직히 나는 첫 번째 사회적 대화에 참여하기 위해 행사장에 입장하는 순간까지도 별 기대를 하지 않았다. 함께 사는 가족들과도 종종 견해차로 부딪혀 마음이 상하는데 보수, 중도, 진보적 입장이 분명한 사람들과 한자리에 모여서 도대체 어떤 생산적인 대화를 할 수 있을지가 의문이었다. 얼른 끝내고 집에 가고 싶다는 마음만 간절했다.

이런 생각을 한 사람은 비단 나뿐만이 아니었던 것 같다. 행사장에 모인 낯선 사람들의 표정에서도 그다지 큰 기대감이 느껴지지 않았다. 아니, 조금은 걱정스러운 기색까지 엿보였다. 하지만 대화가 진행될수록 나를 비롯한 사람들의 표정은 빠르게 변해 갔다. 놀랍게도 나는 조급한 마음마저 들었다. 이렇게 좋은 시도를 더 많은 시민이 했으면 좋겠다는 생각에, 내가 몸담은 참여연대 회원들과 이 주제로 대화할 기회를 당장이라도 만들고 싶어졌다. 대화가 끝나자 각 테이블에서 함께 대화를 나눈 사람들은 정치적 입장을 막론하고 명함을 주고받으며 짧은 대화의 아쉬움을 나눴다.

그 후 서울 지역 시민 단체 활동가들의 대화, 통일부 대학생 기자단의 대화에 퍼실리테이터로 참여하면서도 많은 것을 느꼈다. 한두 차례 교육을 받았을 뿐 경험도 없는 나의 깨달음의 깊이는 얕았겠지만, 참가자들이 경계심과 수줍음을 털어 내고 다른 이들의 의견을 참을성 있게 들으며, 자신의 의견을 조심스럽게 나누는 모습은 충분히 감동적이었다. 퍼실리테이터 교육 과정에서 가장 인상 깊었던 것은 퍼실리테이터의 태도에 관한 것이었다. 시민 단체 활동가로서 늘 나와 단체의 입장을 명확하게 말하는 것에 길든

탓에 더 어려운 점이기도 했다. 특정 입장을 옹호하지 말 것, 나와 같은 생각을 가졌거나 호감이 느껴지는 참가자가 테이블에 있을 때 혹은 정반대의 경우 모두 어쩔 수 없이 드러나는 호의의 말투와 눈빛, 몸짓을 경계할 것, 몇 사람이 대화의 주도권을 잡으려는 것을 제어할 것 등이었다. 이것은 참가자들이 자신의 의견을 안정적인 환경에서 마음껏 말할 수 있도록 하는 최소한의 조치였고, 퍼실리테이터의 가장 중요한 역할이었다. 이 역할은 바로 우리 정치와 시민 운동, 그리고 언론이 해야 할 일이었다.

회를 거듭할수록 점점 더 많은 사람이 〈평화와 통일을 위한 사회적 대화〉에 참여해 그동안 첨예한 갈등을 야기해 왔던 〈북한〉, 〈통일〉, 〈평화〉에 대해 자신의 생각을 편하게 말하고 이견을 좁혀 나갔다. 특히 청소년들의 대화는 더 큰 감동을 주었는데, 그 어떤 대화보다 부드럽고 자연스러웠다. 이들은 윗세대보다 더 논리적으로 자신의 주장을 펼쳤고, 이견에 대한 수용도 빨랐다. 물론 청소년들이 상대적으로 더 민주적이고 열린 환경에서 교육을 받으며 자랐기 때문일 것이다. 나는 그 모습이 부럽고 질투심마저 느껴져 당혹스럽기도 했다.

자주 쓰지 않는 근육은 퇴화한다. 어쩌면 우리에게는

〈불신과 적대〉의 DNA뿐만 아니라 〈대화〉의 DNA도 있었는데 미처 발견하지 못했던 것은 아닐까. 운동으로 잠든 근육을 깨우듯이 자꾸 훈련하면 숨겨져 있던 〈대화〉의 DNA도 다시 살아나지 않을까.

다양한 의견을 가진 사람들이 한자리에 모여서 토론하는 게 걱정이 됐어요. 싸움이 되지 않을까, 대립을 많이 하지 않을까 생각했어요. 그런데 얘기하면서 건강한 토론이 되는 경우가 많았어요. 그래서 갈등을 이렇게 풀어 나가는 자리가 많이 있으면 좋을 것 같다고 생각했어요. (여자, 30대, FGI 참가자)

맞다. 우리에게는 더 많은 대화의 장이 필요하다. 〈평화와 통일을 위한 사회적 대화〉는 이제 겨우 3년 차를 맞이했을 뿐이다. 아직도 적절한 의제를 선정하고 합의를 끌어내는 것이 조심스럽고, 이 주제로 대화를 이끌어 간 경험 많은 퍼실리테이터도 부족하다. 물론 이 프로젝트를 기획하고 진행하는 통일비전시민회의도 이제 막 걸음마를 시작했을 뿐이다.

그러나 안타깝게도 올해 〈평화와 통일을 위한 사회적 대화〉사업은 코로나19라는 예상치 못한 강력한 장애물을 만났다. 비록 급하게 비대면 방식으로 전환하는 과정에서 좌충우돌하고 해결해야 할 문제들을 직면하고 있지만, 이 새로운 방식이 가져올 확장성에 대한 기대감 또한 크다. 많은 사람이 한 공간에서 직접 대면하여 대화하는 방식에 비해 분명한 한계가 있지만, 서울과 지방, 지방과 지방, 한국과 해외, 나아가 남과 북이 연결되고 대화할 수 있는 장이 열린다면 코로나 위기는 오히려 큰 기회가 될 것이다.

〈대화〉는 핑퐁 게임이다. 내가 마음을 열지 않으면 상대방의 마음도 열리지 않는다. 내가 잘 들어 주지 않으면 상대방도 잘 들어 줄 리 없다. 내가 상대방의 의견을 존중하지 않는다면 상대방도 나의 의견을 묵살할 것이다. 이 쉬운 원리가 우리에게는 여전히 어려운 과제다. 우리에게 오랫동안 뿌리내려 온 〈불신과 적대〉의 DNA는 과감히 버리고 〈대화〉의 DNA를 찾아내 미래 세대에게 물려주어야 할 때이다. 〈평화와 통일을 위한 사회적 대화〉가 그 시작이 될 것임을, 〈통일〉을 위한 더 많은 〈대화〉가 우리에게 진짜 〈평화〉를 가져다줄 것임을 믿어 의심치 않는다.

참여연대 평화군축센터 간사 신미지

4
2030 세대 인식에 대한 심층적 이해

20대 보수화 현상?

통일과 평화, 안보 분야 전반의 인식 변화에 대한 청년 세대의 사회적 관심이 높아지고 있다. 2018년 남북 정상 회담 국면을 여는 계기가 되었던 평창 동계 올림픽 여자 아이스하키 남북 단일팀 구성에 대한 청년 세대의 반발은 한국 사회를 놀라게 했다. 이러한 경향은 최근에 나타난 현상이 아니다. 이미 2000년대 중후반 이래 대한민국 청년 세대는 20대를 중심으로 통일에 대해 미온적이며, 전쟁 경험을 한 세대만큼이나 북한에 대해 강한 불신을 가지고 있음이 확인되고 있다. 20대는 북한에 대한 정부의 유화 정책에서도 보수 성향이 강한 60세 이상의 세대만큼이나 비판 여론이 강한 세대라는 점도 이미 여러 연구를 통해 주장된 바 있다. 이를 근거로 〈20대의 보수화 현상〉이 이슈화되기도 했다.

이러한 사회적 관심도에 비해 청년 세대의 통일 인식에 대한 종합적이고 심층적인 이해는 이루어지지 못하고 있다. 전 세대에서 나타나는 보편적 현상을 2030 세대의 특성으로 지목하는가 하면, 2030 세대 내부의 인식 차이나 이질성에 대해서도 충분한 이해가 부족한 상황이다. 실제로 2030 세대는 다른 세대와 생각이 어떻게 다르고, 다른 세대의 통일 인식에 대해 어떤 평가를 내리고 있을까? 현 정부 들어와 급변해 온 남북 관계와 안보 환경하에서 열린 〈평화와 통일을 위한 사회적 대화〉는 한국 사회 구성원들, 특히 젊은 세대의 통일과 평화에 대한 인식을 심층적으로 이해하는 좋은 기회가 되었다.

여기서는 〈평화와 통일을 위한 사회적 대화〉에 참여했던 2030 세대 여덟 명의 패널을 대상으로 2020년 5월 14일에 진행한 집단 심층 토의focus group discussion 결과와, 최근 진행된 여러 조사 결과를 토대로 청년 세대의 인식의 특성을 비교하고자 한다.

2030 세대에 대한 잘못된 통념과 오해들

주목할 점은 사회적 대화 과정에서 세대별 통일 인식의 특성에 대한 잘못된 통념들을 확인할 수 있었다는 것이다. 특히 통일과 관련하여 젊은 세대에 대한 대표적인 통념은 〈통일에 대해 미온적이다〉, 〈북한에 대해 보수적인 입장을 가지고 있다〉 등등이라고 할 수 있다. 기존 연구나 언론 보도에 따르면, 대체로 젊은 세대일수록 통일에 대해 미온적이라는 평가가 확산되어 있다. 젊은 세대일수록 다른 세대에 비해 탈민족주의적 성향이 강하며, 민족 공동체 논리가 아닌 정치 경제 논리로 통일 문제를 바라보는 경향이 강하다는 점이 근거로 제시된다. 또한, 젊은 세대가 반북 성향이 강한 전쟁 세대만큼이나 북한 체제에 적대적인 보수성을 갖고 있다는 점도 주목받고 있다. 그 결과 젊은 세대는 상대적으로 남북을 공동체로 보기보다는 별개의 단위로 보는 분리주의적 성향separatism이 강하다는 점도 지적된다(이내영 2014; 정한울 2017). 사회적 대화에 참여했던 참가자들의 집단 심층 토의 결과와 서베이 데이터를 비교해 보면, 기존 통념 중 현실에 부합하는 통념과 잘못된 통념들이 혼재되어 있음을 확인할 수 있다.

사회적 대화에서 확인된 2030 세대의 특성

현실주의적 통일 인식: 뚜렷한 탈민족주의/분리주의 성향

집단 심층 토의에 참석한 패널들의 토의 내용을 보면 2030

세대는 통일 문제를 민족 공동체의 복원이라는 민족주의적 관점에서 이해하기보다는 경제적 기대 효과나 지정학적 위기관리, 인권 등 정치 경제적 관점에서 접근하는 경향이 뚜렷하게 나타났다[표 25]. 2030 세대는 분단이 장기간 지속되면서 남북이 이질적인 체제 속에서 상이한 가치관을 가지고 서로 별개의 문화가 작동해 왔다는 점에 주목하는 성향을 가지고 있음이 일관적으로 확인된다.

〈한민족 공동체〉가 장기간 분리된 채, 사실상 독립적인 체제를 유지해 온 분단 현실을 전제로 북한과 통일 문제에 접근한다는 점에서 2030 세대 내부에 큰 이견은 확인되지 않는다. 오히려 한국의 새로운 성장 동력을 마련하고, 지정학적 이익의 관점에서 통일을 정당화하는 논리를 수용하는 경향도 공통적으로 나타나고 있다. 경제 논리나 지정학적 논리에 기반하여 통일을 정당화하는 논리가 민족주의 이념에 기댄 당위적인 설득 논리에 비해 효과적일 수 있음을 시사하는 결과이다.

구분	진술
탈민족주의적 성향	「우리나라는 선진국이라도 먹고살기 힘든 사람이 아직 많아요. 결론은 경제 성장뿐이에요. 경제 발전을 획기적으로 할 수 있는 방법은 통일밖에 없어요.」(남B, 30대) 「저 어릴 때 이산가족 상봉을 하고 한민족이지만 갈라진 분단 국가라는 이슈가 중요했었고, 지금도 이산가족이 생존해 계시지만, 그런 부분을 배제해도 분단이 된 지 오래돼서.」(남A, 30대)
정치 경제 논리 우선	「북한과 통일을 하면 당장 새로운 시장이 열린다는 생각이 드니까 저뿐만 아니라 다른 교육계에 있는 분들, 특히 사학과 쪽에서 북한으로의 루트가 많이 생길 거라는 이야기를 들었어요. 그런 실험이나 이런 문제를 해결할 수 있는 시장이 될 것 같아요.」(여A, 30대) 「북한 체제는 오래갈 수 없다고 봐요. 통일을 안 하면 북한은 중국한테 뺏긴다고 생각해요. 뺏기기 전에 우리가 흡수하는 게 당연히 좋다고 봐요.」(남A, 20대)
분리주의적 성향	「우리와 북한이 같은 민족이지만 50년이 넘게 서로 분단이 돼서. 북한은 공산주의인데 우리는 민주주의로 체제도 다르고, 뿌리가 같은 민족이지만 지금은 다른 국가로 보는 게 맞다고 생각해요.」(남B, 20대)

[표 25] 2030 세대의 통일 논리

통일에 대한 우려와 적대감 공존

집단 심층 토의에 참여한 토론자들은 통일의 경제적·지정학적 효과에 대해서는 기대감이 있지만, 동시에 통일 과정에서 발생할 경제적 비용과 새로운 갈등 요인에 대한 우려에도 공감대가 형성되어 있었다. 대체로 특정 이념, 특정 정파에 확고한 정체성을 갖고 있지는 않았으나 북한의 군사적 위협에 대한 적대감, 북한 정부와 북한 체제, 북한의 가치관과 문화에 대해서는 강한 이질감과 거부감을 보였다.

북한에 대한 적대감은 주로 북한 정권, 북한 체제에 대한 적대감으로서 북한 주민에 대한 적대감으로까지 이어지지는 않았다. 다만, 통일 과정에서 체제 및 가치관과 문화적 차이에서 야기될 수 있는 사회 갈등에 대한 우려는 통일에 대한 선호 여부를 떠나 2030 세대에 확산되어 있음을 추론할 수 있다. 이는 통일 과정에서 발생할 경제적 부담에 대한 우려와 함께 통일에 대한 지지를 약화시키고 상대적으로 통일 및 대북 정책에 대한 보수성을 강화시켜 주는 주된 요인으로 보인다.

구분	진술
군사적 위협과 대북 적대감	「북한 정부와 북한 주민을 하나의 북한으로 묶어서 대하기 어렵겠지만, 적이란 표현은 너무 강하고 그래도 이웃 국가 느낌은 아닌 것 같아요. 아직 적대적인 미션이나 정치적인 분쟁이 많아서. 굳이 골라야 하면 적인 것 같아요.」(여A, 20대)

2장 사회적 대화를 통해 본 우리 사회의 인식 지형

	「북한이란 국가 자체는 당연히 적이고 한민족으로 포장하기에는 의미 없는 것 같아요. 평화 협정이나 이런 구체적인 게 나오기 전까지 계속 이야기하는 것에 대해서 의심을 갖고 지켜봐야 할 듯해요.」(남A, 30대)
	「적대적인 관계로 지내온 시간이 길고 부정적 뉴스를 많이 접해서 아직은 한민족이라는 인식보다는 적이란 인식이 강한 것 같아요. 그걸 변화시키기에는 시간이 조금 필요할 듯해요.」(여B, 30대)
체제/가치관의 이질성	「저도 가장 큰 문제가 체제 통합일 것 같아요. 시간으로 해결이 될 문제인가? 의심이 많이 들어요.」(여A, 20대)
	「북한이 위험한 게, 위에서 시키면 해야 한다는 거예요. 친하게 지내다가 위에서 시키면 저한테 해코지할 수 있어서. 자기 생각이 아니라 남의 생각으로 움직일 수 있다는 게 위험해요.」(남A, 20대)
	「우리는 아시아에서 제일 발전된 민주주의 체제를 가진 나라이고, 사람들이 그런 걸 많이 생각하고 가치관이 정립되어 있는데, 북한은 주체사상을 주입받아 세뇌당하다시피 해서 막상 한자리에 모이면 그런 면에서 알게 모르게 사회적 문제가 될 것 같아요.」(여A, 30대)
통일 비용에 대한 우려	「통일 기금 마련에서 부정적 의견이 많았고, 법률부터 남북 간 다른 부분이 많은데 언어나 법을 통일해야 하고, 화폐 부분에서도 생각을 많이 해야 해요. 가볍게 통일하자라고 생각하기 전에 그 이상의 혼란이 올 것 같아요.」(여B, 20대)
	「흩어진 두 국가가 하나로 합쳐지면서 서로 하나가 되려면 시간과 비용이 많이 들 것 같고, 경제적으로 손실도 있을 듯해서 그런 점이 이유가 될 것 같아요.」(남B, 20대)

[표 26] 북한 정권에 대한 적대감과 통일에 대한 우려

통일에 대한 상충적 인식, 신중론에 대한 공감대로 이어져

종합하면 2030 세대의 통일에 대한 인식은 긍정적 기대와 부정적인 우려가 공존하는 상충적 인식ambivalent attitudes을 보여 준다. [표 27]을 보면 통일의 당위보다 정치 경제적 효과에 대한 기대 이익을 중시하면서도 동시에 통일 과정에서 발생할 경제 사회적 비용에 대한 우려가 공존한다. 통일의 긍정적 및 부정적 효과에 대한 내적 갈등이 통일을 서두르지 말자는 신중론을 강화시키는 것으로 보인다. 전체적으로 통일 자체를 반대하는 입장은 찾아보기 힘들었지만, 북한에 대한 맹목적인 신뢰나 일방적인 지원을 경계하는 마음도 비슷했다. 즉 통일의 필요성을 인정하지만, 동시에 통일 과정에서 발생할 막대한 사회적·경제적 비용에 대한 우려가 통일을 서두르지 말자는 신중론을 강화시키고 있다는 추론이 가능해 보인다.

구분	진술
통일의 경제적 기대 효과 공감	「한반도 평화와 국력 강화, 경제 성장을 위해서 통일이 돼야 한다고 생각해요. 여기서 늦춰지면 다른 나라처럼 분단이 정착돼서, 더 지체되거나 늦어지면 통일이 어려워질 것 같아요.」(여A, 20대)
	「통일을 함으로써 거기에 무궁무진한 가능성이 있다고 봐요. 해외 투자도 우리는 북한 도발 위험이 항상 도사

	리고 있어서 평가를 제대로 못 받는다고 이야기하거든요. 이런 것들 때문이라도 계속적으로 평화·통일에 대해서 노력해야 한다고 생각해요.」(여A, 30대)

「정치, 경제 이슈 때문에 통일이 꼭 이루어져야 한다고 생각해요. 지금 우리나라가 안고 있는 지정학적 위치나 경제적 상황상 북한과 통일하지 않으면 더 이상 어느 위치 이상 가지 못한다는 생각이 들어 필요하다고 생각해요.」(남A, 30대) |
| 신중한 접근법에 대한 공감 | 「따지면 안 해도 될 것 같아요. 저는 지금 문제가 많아서 통일을 해야 한다는 생각은 있지만, 통일하면 더 문제가 많을 듯하고. 통일은 어렵겠다는 생각이 점점 고착되는 것 같아요.」(여A, 20대)

「(통일을) 섣불리 추진하기에는 외부적인 문제도 있어서 힘들고, 중장기적인 계획이나 국가 정책을 통해서 …… 천천히라도 나중에 통일을 했으면 좋겠어요.」(남B, 20대)

「통일이 당연히 돼야 하는 건데 사람들이 아직은 깊이 있게 생각하지 못하는 것 같고, 당장 올 수 있는 혼란이 걱정돼요. 다른 사상, 다른 환경을 살다가 융합되는 과정이 쉬운 게 아니고 당장 충돌이 되는 문제 때문에 어렵다고 생각해요.」(여B, 30대) |

[표 27] 통일에 대한 강온 인식 공존

2030 세대 특성에 대한 잘못된 이해

청년 세대에 대한 통념들, 과연 2030 세대 고유의 특성인가?

전 세대적 현상으로서 통일에 대한 신중론

이상에서 살펴본 2030 세대에 대한 통념들을 2030 세대만의 특징으로 일반화하는 것은 가능한가? 사회적 대화에 참석했던 패널들의 회고에 따르면, 청년 세대가 통일에 대해 기대를 가지면서도 강한 우려를 표하고 있는 것을 2030 세대만의 특성으로 해석하는 것은 타당하지 않다고 본다.

첫째, 사회적 대화 과정에서 통념에 부합하는 경향과 함께 통념에 부합하지 않는 경향성도 발견되었다. 실제 〈예상대로〉 젊은 세대가 인도적 지원이나 통일에 대해 비판적이고 기성세대가 통일과 인도적 지원에 우호적이었다는 주장과 함께, 반대로 젊은 세대가 통일이나 인도적 지원에 우호적이었다는 상반된 현상이 확인된다.

둘째, 학계나 언론에서 통용되어 온 세대에 대한 통념이 일반적으로 적용되지 않고 기존의 통념과 반대되는 인식이 우리 사회에 공존하고 있다는 점도 사회적 대화 과정에서 알게 된 중요한 발견이다. 기존의 통념대로 젊은 세대에서 통일과 인도적 지원에 대해 반대하는 경향이 강하거나, 반대로 기성세대가 실제 토론 과정에서 통일과 인도적 지원에 우호적인 것이 자신의 〈예상과 달라〉 놀라웠다는 젊은 세대의 반응은 무엇을 의미하는가? 이들은 기존 통념과 달리 역으로 젊은 세대가 통일에 우호적이고, 기성세대가 비우호적일 것이라는 반대의 통념을 갖고 있었음을 의미한다.[25]

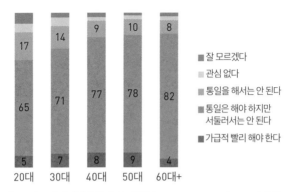

자료: 한국리서치 〈여론 속의 여론〉(2018.7, n=1,000)   (단위: %)

[그림 31] 세대별 통일에 대한 태도

　　또한 [그림 31]의 한국리서치 여론 조사 자료를 보면 젊은 세대일수록 〈통일을 하지 말아야 한다〉는 통일 거부 여론이나 〈무관심/무입장〉 여론이 상대적으로 많다는 점에서 다른 세대에 비해 통일에 대해 미온적인 태도가 강하다는 것이 틀린 해석은 아니다. 그러나 절반의 해석에 불과한 것도 사실이다. 통일에 미온적인 태도나 통일을 서둘러야 한다는 입장보다 〈통일을 해야 하지만 서둘러서는 안 된다〉는 신중론이 지배적인 것은 전 세대에서 공통적으로 나타나는 현상임을 간과하지 말아야 한다.

25　　이는 학계나 언론에서 보이는 일반적인 통념과 달리 개인들은 자신의

기존 통념	상반된 통념의 공존
젊은 세대일수록 통일/인도적 지원에 반감	젊은 세대가 통일/인도적 지원을 선호
「20대 세 명 다 지원하지 않는 쪽으로 했는데, 팀 결론은 지지한다고 났어요.」(여B, 20대) 「우리 쪽은 할아버지 한 분 말고 거의 다 반대했어요.」(남A, 20대) 「저희 조에 계신 20대 분은 통일이나 인도적 지원을 굉장히 반대하는 상황이었고, 어떤 면에서는 무관심했어요. 저희 조에서 20대의 의견이 전체적인 의견과도 달랐어요. 젊은 세대들의 통일에 대한 인식이 부정적으로 바뀐 것은 미디어가 조장했다고 봐요.」(여A, 30대)	「예상과 비슷한 분위기가 있었어요. 젊은 사람들은 기본적으로 통일에서 막연하지만 그래도 긍정적인 부분이 강했어요. 연세 드신 분들은 약간 부정적인데.」(남B, 30대) 「저희 조도 젊은 층들이 대북 인도적 지원을 해야 한다는 쪽으로 의견이 나왔어요.」(남B, 20대) 「연령대 있는 분들이 생각보다 통일에 대해서 너무 긍정적인 반응이 많아서 처음에는 놀랐어요.」(여B, 30대)

[표 28] 상반된 통일과 대북 지원에 대한 세대 특성 이미지

전후 세대, 탈민족주의적 분리주의 확산

한편, 한국과 북한을 별개의 공동체로 구별하고 탈민족주

생각을 기준으로 자신의 세대 이미지를 투사projection하고 있음을 시사한다. 즉 본인이 통일을 선호하면 본인이 속한 2030 세대도 통일에 우호적일 것이라고 간주하고, 본인이 비판적이면 본인 세대도 통일에 비판적일 것이라는 고정 관념을 갖게 된다는 것이다. 고정 관념에 기초한 정책 결정은 실제 추진 과정에서 예상치 못한 정책 저항이나 반발을 야기할 수 있을 뿐 아니라, 정책 추진 과정에서 과도한 사회적 갈등으로 연결될 수 있음을 시사한다.

2장 사회적 대화를 통해 본 우리 사회의 인식 지형

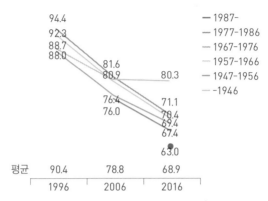

	1996	2006	2016
━ 1987-			
━ 1977-1986			
━ 1967-1976			
━ 1957-1966			
━ 1947-1956			
━ -1946			

94.4
92.3
88.7
88.0

81.6
80.9   80.3

76.4   71.1
76.0   70.4
         69.4
         67.4
         63.0

평균   90.4   78.8   68.9

자료: 문화체육관광부 〈한국인의 의식, 가치관 조사〉   (단위: %)

[그림 32] 북한 주민은 한민족이다

의적 분리주의 성향을 보이는 것 역시 2030 세대 고유의 특성으로 보기 어렵다. 대한민국 헌법은 〈단일 민족-단일 국가〉를 정상 상태로 전제하고 있으나, 장기간의 분단 체제가 유지되면서 한국 사회는 사실상 〈하나의 민족, 두 개의 국가〉 정체성이 고착되어 왔다(강원택, 2011; 윤인진, 2011). 2000년대 들어와 일(一)국가 정체성뿐 아니라 하나의 민족 정체성도 약화되면서 탈민족주의적 분리주의 성향이 강화되고 있다. 주목할 점은 이러한 경향이 2030 세대만의 현상은 아니라는 점이다.

문화체육관광부가 1996년부터 2016년까지 실시한 〈한국인의 의식, 가치관 조사〉를 통해 북한 주민을 한민족 구성원으로서 인정하는지 여부에 대한 인식 변화를 살펴보자. 전체적으로 북한 주민을 한민족 구성원으로 인정하는 비율은 1996년 평균 90퍼센트에서 2006년에는 78.8퍼센트로 하락했으며, 2016년 조사에서는 68.9퍼센트까지 떨어졌다. 출생 연도 기준으로 북한 주민을 한민족 구성원으로 인정하는 비율의 변화 추세율을 살펴보면 2016년 조사에서 분단 전 세대인 1946년생만 80.0퍼센트를 넘었을 뿐 분단 이후 출생 집단은 지속적으로 하락하고 있다. 즉 탈민족주의적 분리주의 성향은 기존의 통념과 달리 2030 세대만의 특성이 아닌 한국전쟁 이후 세대에게 나타나는 보편적인 현상임을 확인할 수 있다.

2030 세대 내부는 얼마나 동질적인가?

2030 세대에 대한 통념들이 가정하고 있는 2030 세대 구성원 내부의 동질성에 대해서도 근본적인 재검토가 필요하다. 조사 결과를 보면 2030 세대를 하나의 동질적인 집단으로 간주하기에 어려운 세대 내부의 이질성도 간과할 수 없음을 알 수 있다.

20대와 30대는 동질적인가?

기존 여론 조사 결과를 검토해 보면 동일한 세대 집단으로 분류하는 2030 세대 간의 인식 격차도 상당하다. 한국리서치가 실시한 2019년 3월 정기 조사 결과[그림 33]에 따르면, 현 정부의 통일 정책 평가에서 30대는 20대보다 40대와 유사하게 긍정적인 평가가 과반을 넘는 반면, 20대에서는 50대와 60대처럼 부정적인 평가가 과반을 넘는다. 통일 인식에서는 2030 세대의 동질성이 확인되지만, 정부의 대북 정책 평가에서는 다른 양상이 확인된다.

한편, 2015년 동아시아연구원 국가 정체성 조사[표 29]의 선호하는 통일 방식에 대한 결과를 보면 또 다른 양상이 확인된다. 전체적으로 남과 북의 현 체제가 공존하는 방식

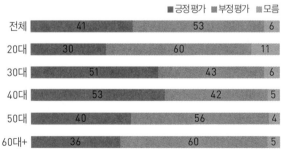

자료: 한국리서치, 〈여론 속의 여론〉(2019.3, n=1,000)　　　(단위: %)

[그림 33] 정부의 대북 정책 평가

선호하는 통일 방식	양 체제 공존	남한식 체제로 통일	제3의 체제로 통일	어떤 체제든 상관없다	기타	모르겠다
전체	48	37	6	3	1	5
20대	36	51	8	2	0	3
30대	43	39	9	3	1	6
40대	53	31	4	2	1	8
50대	55	32	5	3	1	3
60대	52	32	6	3	0	7

자료: EAI·HRC, 〈국가 정체성 조사〉(2015, n=1,000)　　　(단위: %)

[표 29] 선호하는 통일 방식

에 대한 지지가 48퍼센트로 과반에 가까운 반면, 남한식 체제로의 통일이 37퍼센트를 기록했다. 그러나 세대별로 보면 20대와 나머지 세대 사이의 인식 격차를 확인할 수 있다. 20대에서는 남한식 체제로의 통일을 선호하는 비율이 51퍼센트에 달했지만, 30대에서는 39퍼센트, 40대 이상에서는 31~32퍼센트 수준에 그쳤다. 선호하는 통일 방식에서 20대는 북한 체제에 대해 보다 강한 거부감을 보여 주고 있는 셈이다.

20대 내부의 젠더 간 인식 격차

한편, 젠더 이슈와 국정 평가에서 인식 격차가 두드러져 주목을 받은 20대 남녀의 인식 격차는 대북 정책과 안

구분	대북 제재 중심의 압박 정책	대북 지원 중심의 대화 정책	모르겠다
20대 전체	**37**	**33**	**30**
20대 남자	50	25	25
20대 여자	23	43	35

자료: 한국리서치(2020년 5월 조사)　　　　　　　　　　　　(단위: %)

[표 30] 대북 정책에 대한 선호

구분	한미 동맹 유지·강화	한미 동맹 축소·중단	모르겠다
20대 전체	**67**	**15**	**19**
20대 남자	75	13	12
20대 여자	58	16	26

자료: 한국리서치(2020년 5월 조사)　　　　　　　　　　　　(단위: %)

[표 31] 한미 동맹에 대한 태도

보 이슈에서도 나타나고 있다. 20대 남자는 대북 정책에서 20대 여자에 비해 대북 제재 중심의 압박 정책을 선호하고, 20대 여자는 상대적으로 대북 지원 중심의 대화 협력 정책을 선호하는 경향이 뚜렷하다. 한미 동맹에 대해서는 양 집단 공히 한미 동맹을 유지하고 강화해야 한다는 입장이 다수이기는 하지만, 남자 그룹에서 한미 동맹을 유지하고 강화해야 한다는 입장이 훨씬 강하다. 대북 안보 이슈에 대해 같은 20대 내에서도 젠더의 차이에 따라 선호하는 정책에 뚜렷한 인식 격차를 보여 세대 간 차이의 이질성뿐 아니라 이슈에 따라 세대 내부의 이질성에 대해서도 세심한 접근이 필요하다는 것을 확인할 수 있다.

이상으로 2019년 통일부 사회적 대화에 참여했던 2030 세대를 대상으로 한 집단 심층 토의 결과와 기존에 조사된 서베이 결과를 활용하여 2030 세대에 대한 사회적 통념의 타당성과 잘못된 오해가 발생하는 지점에 대해 검토해 보았다.

실제로 사회적 대화 과정을 통해 2030 세대의 인식 특성에 대한 사회 통념들 중 적지 않은 오해가 자리 잡고 있음을 확인할 수 있었다. 2000년대 이후 청년 세대에서 나타나는 탈민족주의/분리주의 성향과 북한에 대한 상대적인 적대감 및 거부감이 집단 심층 토의는 물론, 기존의 서베이 결과에서도 일관되게 나타나고 있다. 따라서 2030 세대가 다른 세대에 비해 통일에 대한 부정적인 인식과 신중론이 강하다는 기존의 통념은 타당성을 가진 평가임을 알 수 있었다.

그러나 이러한 2030 세대의 특성에 대한 잘못된 오해도 적지 않았다. 무엇보다 2030 세대 특성 중 상당 부분은 2030 세대 현상이 아닌 전 세대적 현상이라는 점도 간과해서는 안 된다. 통일에 대한 신중론과 분리주의적 경향은 다른 세대에서도 공통적으로 나타나는 현상으로 볼 수 있다.

통일 신중론과 분리주의적 성향의 강화 현상을 청년 세대만의 현상으로 이해할 경우 잘못된 정책 대안을 도출할 가능성이 크다. 반대로 2030 세대를 모든 이슈 영역에서 동질적인 집단으로 간주하는 경향도 극복해야 할 과제로 드러났다. 정부의 대북 정책 평가나 통일의 방법론에서 20대와 30대는 동질적인 집단으로 보기 어렵다. 페미니즘 이슈에 대한 갈등으로 주목받은 20대 내부의 젠더 인식 격차는 대북/안보 정책 영역에서도 뚜렷하게 나타나고 있다. 세대 간 인식 차이에 대한 이해뿐 아니라, 세대 내부의 이질성에 대해서도 깊은 이해와 주의가 필요하다는 것을 보여 주는 대목이다.

결론
집단 지성의 힘을 보여 준 사회적 대화

2018년과 2019년에 진행된 평화와 통일을 위한 사회적 대화는 2020년에도 지속되고 있다. 본 책에서는 2018년과 2019년에 진행된 성과를 정리하고 그 의미를 되짚어 보았다.

사회적 대화 참여자들은 대화 참여 전후에 북한·통일·남북 관계에 대한 다음 네 가지 의제에서 인식의 변화를 직접 체험하고, 다른 참여자의 변화를 확인할 수 있었다.

첫째, 북한을 대결과 극복의 대상이 아닌 존중과 협력의 대상으로 보는 시각은 대화 전에도 두 배 이상 높았지만, 대화 후에 그 간극이 더 커졌다. 둘째, 〈한반도가 한 체제로 통합되어야 한다〉는 응답이 〈두 체제가 공존해야 한다〉는 응답에 비해 대화 전과 후에 모두 높았지만, 대화 후에 차이가 좁혀졌다. 셋째, 대북 인도적 지원에 대한 입장은 변

167   결론

화의 폭이 특히 컸다. 대화 전에는 〈인도적 지원이 군사 상황에 영향을 받는 것은 불가피하다〉는 응답이 더 높았으나, 대화 후에는 〈군사적 상황과 무관하게 지속되어야 한다〉는 응답이 더 높아, 두 응답의 순위가 바뀌기까지 했다. 넷째, 비핵화와 평화 체제 중 우선적으로 고려해야 할 점에 대해서는 대화 전후 모두 〈평화 체제보다 비핵화가 먼저〉라는 응답이 높았으나 대화 후에 비핵화 먼저 응답은 감소하고 〈비핵화와 평화 체제를 동시에 병행해야 한다〉는 응답이 증가했다.

이 밖에도 성급히 일반화할 수는 없지만 사회적 대화 결과 남자보다는 여자가 대체로 진취적·포용적이었으며, 20대가 다른 연령층에 비해 다소 보수적이었다. 사회적 대화를 통해 자신의 생각을 바꾼 사람들이 많았으나 끝까지 자신의 입장을 고수한 사람들은 남자, 고연령층, 중도를 제외한 층에서 많이 나왔다.

사회적 대화 참여자는 대화 참여 후에 북한·통일·남북 관계에 대한 인식이 대립과 대결보다는 화해와 협력을 지향하는 방향으로, 평화로운 공존을 지향하는 방향으로, 상황 변수에 영향을 받지 않고 대북 인도적 지원을 지속하는 방향으로, 평화 정착을 위해 남북이 함께 노력해야 한다는 방향으로 인식이 변화했다. 의제에 따라 작게는 60퍼센트, 많게는 90퍼센트의 참여자가 어떤 형태로든 자신의 애초 생각을 바꾸었다. 이러한 변화는 남자보다는 여자, 진보나 보수보다는 중도, 20대에서 상대적으로 컸다. 그렇지만 60세 이상 고연령층에서도 적지 않은 변화와 관용성을 보였다는 점은 주목할 대목이었다.

사회적 대화가 공론화라는 일종의 사회적 실험 상황이고, 의제와 관련한 입장의 변화를 대화 전후 해당 설문에 대한 응답 척도의 변화 여부로 측정했다는 점을 고려해도, 고착화되어 있다고 추정했던 북한·통일·남북 관계에 대한 인식이 사회적 대화 이후에 적지 않게 변화했다는 사실을 실체적 자료로 확인했다.

한편, 관심의 대상인 2030 세대를 심층적으로 이해하기 위해 실시한 집단 심층 토의 결과에 따르면, 2030 세대는 통일을 탈민족주의와 분리주의 성향에 따라 현실적으로 인식했다. 청년 세대는 통일에 대한 우려와 적대감이 공존했는데, 이러한 상충된 인식이 청년 세대가 통일에 대해 신중하게 접근하는 이유라고 할 수 있다. 그런데 통일에 대해 신중하게 접근하는 것은 2030 세대만의 특성이 아닌 전후세대의 공통된 특성임을 확인했다. 더불어 20대와 30대가 통일에 대해 동질적으로 인식하지 않으며, 같은 20대 중에서도 남녀 간에 차이가 있음이 밝혀졌다.

경청 토의 규칙에 입각하여 진행된 사회적 대화는 나와 생각이 다른 사람에 대한 존중과 인정, 나의 입장과 다른 결론에 대한 수용 등 민주적 시민성의 요체라고 할 수 있는 관용성을 증진하는 효과를 입증하기도 했다. 이는 우리 시민에게 대화와 토의 역량이 부족하다는 기존의 통념이 잘못된 것임을 확인시켜 주는 결과이기도 하다. 우리 시민은 질서 정연한 토의를 할 기회와 장이 마련되면 모르는 사람, 생각이 다른 사람, 세대 차이가 큰 사람과도 대화와 토의할 능력이 충분하며, 다름을 존중하는 시민성과 집단 지성을 발현한다는 것도 알 수 있었다. 이를 통해 다수결 투표에 기반한 대의민주주의 한계를 극복하고, 숙의 토의에 의한 합의를 통해 민주주의를 구현할 수 있는 숙의적 전환의 가능성도 확인했다.

대의민주주의를 꽃피웠던 영국은 소위 〈다수결 민주주의〉로 근대화의 성공을 이루었으나, 양당제에 의한 승자 독식과 유권자의 정치적 무관심이 증대되며 민주주의의 위기를 겪었다. 그리고 그 고민 과정에서 〈숙의민주주의 Deliberative Democracy〉를 보완책 중 하나로 시험했다. 이는 인접한 아일랜드의 놀라운 변화에 자극을 받은 결과였다. 영국과 오랜 대립을 겪으면서 내부 갈등도 심각했던 아일랜드가 대의민주주의의 보완책으로 시민 의회라는 숙의민주주의 제도를 시행했고, 이를 통해 사회적 대화와 협약을 이뤄나가며 국민적 에너지를 모으는 데 성공했을 뿐만 아니라, 헌법 개정을 비롯해 여러 가지 사회적 합의에 도달함으로써 정치와 경제의 안정을 이루었기 때문이다.

사회는 빠르게 변하고 있다. 한반도 주변의 상황도 급변하고 있다. 특히, 코로나19는 이제껏 경험하지 못한 새로운 환경으로 세계를 밀어 넣고 있다. 이제는 앞서간 나라의 경험을 통해 배우기 어려운 여건이기도 하고, 우리가 다른 나라를 선도해야 하는 상황이다.

몇몇 지도자의 결단으로 복잡다단하고 다양해진 한국 사회의 문제들, 이와 무관하지 않은 분단된 한반도와 지구촌의 문제들을 해결해 가는 것은 갈수록 어려워지고 있다. 소수 전문가 집단에 의한 판단과 결정은 정치적 논쟁과 사회적 갈등으로 귀결되는 경우가 다반사이다. 시민의 참여와 숙의를 통해 사회 구성원들이 서로의 생각과 입장을 경청하고, 대화로써 합의하는 집단 지성을 활성화할 새로운 민주주의 실험이 절실한 시점이다.

2년간 〈평화와 통일을 위한 사회적 대화〉 개요

2018년 대화

2018년 대화는 남북 및 북미 정상 회담 등 주요 당사국 간 화해 국면에서 진행되었다. 대화 의제는 ① 북한을 보는 시각(적대와 극복의 대상 vs 존중과 협력의 대상), ② 한반도 미래상(하나의 체제로 통합 vs 두 체제의 공존), ③ 2019년 대화를 위한 의제 우선순위 선정 등이었다. 대화에는 일반 시민(201명)과 시민 단체 활동가(141명) 342명, 진영 관계자(77명)와 미래 세대(76명) 153명 등 495명이 참여했다.

구분		일시	참석 인원(명)[1]		
			계	시민	활동가
지역별 대화	수도권	9월 15일	81	51	30
	영남권	9월 15일	93	50	43
	호남권	9월 15일	88	50	38
	충청권	9월 29일	80	50	30
	소계		342	201	141
대상별 대화	진영	9월 11일	77		
	미래 세대	9월 29일	76		

[표 1] 2018년 사회적 대화

2019년 대화

2019년 대화는 권역별 대화와 종합 대화로 구성했다. 2018년 대화에 비해 2019년 대화는 일반 시민의 대표성을 대폭 보강함과 아울러, 숙의성을 강화하기 위해 권역별 대화 참여

1   2018년 대화에 참여한 참석자의 규모와 구성을 고려할 때, 참여자 구성의 대표성 측면에서 유형별로 유의하여 해석할 여지가 있다. 일반 시민 200명은 일반 공론화와 비교할 때 규모 측면에서 작다고 할 수는 없다. 일반 시민을 대상으로 한 전 세계 공론화의 평균 참여자 수는 170명 내외이기 때문이다. 다만, 권역별 대화에 주안점을 두었기 때문에 권역별로 균등한 구성을 했다는 점에서 전국 단위 해석은 유의할 필요가 있다. 시민 단체 활동가와 진영 관계자 199명도 참여자 수는 적지 않으나, 진보·중도·보수의 활동가와 진영 관계자 구성비를 엄정하게 반영했다고 할 수 없다는 점을 유의해야 한다. 미래 세대는 고등학생 34명, 대학생 42명이 참여했다는 점에서 미래 세대의 특성을 탐색적으로 파악하는 데 의미를 두는 것이 타당하다고 할 것이다.

자 중에서 종합 대화 참여자를 선발했다. 즉 종합 대화 참여자는 사회적 대화 기법과 종합 대화에서 다룰 의제에 대해 권역별 대화를 통해 경험하고 숙지한 사람들이었다. 이는 선호 투표에 그치는 공론 조사형 기법을 넘어 합의 형성까지를 기획하는 사회적 대화의 특성을 고려한 설계였다.

2019년 권역별 대화는 북미 협상이 결렬된 이후 한반도 평화 통일 분위기가 경색된 가운데 6월과 7월에 진행했다. 의제는 ① 한반도 평화·통일 체제와 ② 사회적 합의를 위한 원칙 등 2개 의제는 공통 의제로 했으며, ③-1 한반도 평화 체제와 비핵화(영남권, 호남권)와 ③-2 대북 인도적 지원 조건(수도권, 충청권)은 권역별 특화 의제로 논의했다.

구분	권역	일시	참석 인원[2]
권역별 대화	수도권	7월 06일	183명
	충청권	6월 15일	209명
	영남권	6월 29일	190명
	호남권	6월 01일	180명
	소계		762명
종합 대화	전국(경기)	10월 26~27일	158명

[표 2] 2019년 권역별 대화와 종합 대화

2   2019 대화 참석자는 모두 일반 시민으로 구성했으며, 권역별 대화는

2019년 종합 대화는 권역별 대화에 참여한 경험이 있는 158명을 대상으로 10월 26일부터 27일까지 1박 2일 동안 실시했으며, 대북 인도적 지원에 대한 만장일치 수준의 합의안을 도출하는 것을 목표로 삼았다.

한편, 2017년 신고리 원전 5·6호기 시민 참여형 조사를 기점으로 우리 사회에 다양한 유형의 공론화가 시행되고 있는데, 공론화 의제의 특성, 공론화 목적이나 결과 활용 등의 측면을 고려하지 않고 공론화 설계나 모델 적용이 무분별하게 이루어지는 경향이 있다. 공론화는 대상, 규모, 결과 도출 방식, 결과 활용 등에 따라 다음과 같이 유형화할 수 있다.[3]

참여자의 규모와 선발 과정의 엄정성 등을 고려할 때 대표성을 보증한다고 할 수 있다. 종합 대화는 권역별 대화 참여자 중에서 선발했다는 점에서 보통의 공론화에 비해 숙의성을 배가했으며, 대표성 또한 절차와 규모 측면에서 제한적이라고 할 수 없다.

3   김춘석(2019), 「숙의 토의 조사에 대한 이해와 탐색적 제안」, 제1회 한국리서치 정기 세미나 발표 자료, p.13 수정 인용. 공론화 기법은 입장과 기준에 따라 상이하게 구분할 수 있다는 점과, 같은 기법이라고 하더라도 여건에 따라 변형하여 적용할 수 있다는 점을 염두에 둘 필요가 있다. 예컨대 공론 조사는 공론 확인 목적만이 아닌 정책 결정 목적을 위해 적용할 수도 있다. 이 점에서 공론화 기법의 유형화는 기준과 판단에 따라 상이할 수 있다. 한편, 상기 표에서 〈사회적 대화〉는 〈사회적 대화〉 일반을 지칭하지 않고, 〈평화와 통일을 위한 사회적 대화〉 기법에 한정했다. 〈노사정위 사회

대상	규모	결과 도출	결과 활용	공론화 유형
일반 시민	소수	선호집합형	정책 결정	없음
			의견 수렴	
		협의형성형	정책 결정	시민 배심제, 규제 협상
			의견 수렴	시나리오 워크숍, 라운드테이블, 시민자문회의, 합의회의
	다수	선호집합형	정책 결정	시민 참여형 조사
			공론 확인	공론 조사, 플래닝셀
		협의형성형	정책 결정	시민 의회
			공론 확인	사회적 대화
전문가	소수	협의형성형	의견 수렴	시나리오 워크숍, 라운드테이블, 시민자문회의

[표 3] 공론화 유형

위 표에서 확인할 수 있듯이 합의 형성 과정을 통해 공론 deliberative public opinion을 확인하기 위한 목적으로 시행하는 사회적 대화는 설문 조사 등을 통해 우위를 가르는 방식인 시민 참여형 조사나 공론 조사[4]와 다른 기법이며, 결과 활용 측면에서도 정책 결정이 목적인 시민 의회와도 구분된다. 이 점에서 사회적 대화는 열린 토의와 합의를 지향하

적 대화〉와 〈평화와 통일을 위한 사회적 대화〉는 명칭의 유사성에도 불구하고 동일한 기법이라고 할 수 없다.

4   공론 조사deliberative polling는 공론화의 여러 기법 중 특정한 기법을 지칭하는 제한된 용어이며, 공론화를 통칭하는 용어로 활용해서는 안 된다.

고, 시민의 합의 이후에도 추가적인 논의의 가능성을 열어 두다는 점에서 숙의민주주의 정신을 구현하는 차원에서뿐만 아니라, 평화·통일 관련 협약을 마련하고자 하는 과업의 특성을 감안할 때 매우 적정한 기법이라고 할 수 있다.

이렇듯 〈평화와 통일을 위한 사회적 대화〉는 우리 사회의 주요 갈등을 내재하고 있는 의제 특성, 대표성을 담보한 다수의 일반 시민과 더불어 진영 활동가도 참여했다는 참여자 특성, 단계적 숙의 절차로 만장일치 수준의 합의 형성을 추구한 기법적 특성 등으로 인해 그 결과의 가치가 남다르다고 하겠다.

지은이 **김춘석** 한국리서치 여론조사본부장 겸 공론화센터장. 북항 재개발 마스터플랜 선정을 위한 공론조사, 국민대토론회, 사용 후 핵연료 공론조사, 신고리 5·6호기 시민참여형 조사, 대입제도 시민참여형조사 등을 수행했다.

이태호 참여연대 정책위원장 겸 평화군축센터 소장. 300여 개 진보적인 시민 단체의 전국연합체인 시민사회단체연대회의의 운영위원장이기도 하다. 평화군축 운동, 4·16세월호 참사 피해자 지원 및 진상규명운동 등 주로 권력 남용 방지와 평화 인권 증진을 위해 활동하고 있다.

임헌조 250여 개 시민 단체들로 구성된 범시민사회단체연합 공동대표 겸 사무총장. 학생운동, 노동운동을 거쳐 민중당, 민주노동당 창립 멤버로 활동했다. 이후 전향하여, 2005년 뉴라이트전국연합 초대 사무처장, 2010년 선진통일연합 공동대표와 사무총장을 역임했다.

정한울 한국리서치 여론분석 전문위원 겸 리서치 디자이너. 고려대학교에서 정치학 박사 학위를 취득하고, 선거정치, 대외안보인식, 거버넌스 분야의 여론 연구를 진행해 왔다. (재)동아시아연구원(EAI) 사무국장, (재)여시재 연구조정팀장 등을 역임했다.

손안의 통일 ❽

통일을 어떻게 생각하세요?

발행일 **2020년 12월 30일 초판 1쇄**

지은이 **김춘석·이태호·임헌조·정한울**
발행인 **홍지웅·홍예빈**
발행처 **주식회사 열린책들**

경기도 파주시 문발로 253 파주출판도시
전화 031-955-4000 팩스 031-955-4004
www.openbooks.co.kr

Copyright (C) 김춘석·이태호·임헌조·정한울, 2020, *Printed in Korea.*
ISBN 978-89-329-2076-4 04300 ISBN 978-89-329-1996-6 (세트)

이 도서의 국립중앙도서관 출판예정도서목록(CIP)은 서지정보유통지원시스템 홈페이지(http://seoji.nl.go.kr)와 국가자료공동목록시스템(http://www.nl.go.kr/kolisnet)에서 이용하실 수 있습니다.(CIP제어번호:CIP2020052065)